# 字幕屋の気になる日本語

太田直子

新日本出版社

字幕屋の気になる日本語

＊

目　次

# その一、字幕屋の気になる日本語……009

## その二、字幕屋は銀幕の裏側でクダを巻く………… 063

## その三、字幕屋・酔眼亭の置き手紙……181

# 字幕屋の気になる日本語 その一

イラスト◎太田直子

# 「しっかり」と「いただく」

外国映画の字幕翻訳を稼業にしているせいか、言葉には敏感になってしまう。もちろん私自身、正しい日本語を使えているかといえば、まるでそんなことはなく、きょうもメールの返信で、「ご返事」と書くべきか、いや「お返事」が正しいのか、と悩むありさま。そんな自分をこっそり棚に上げて、しばし意地悪ばあさんになってみたい。言葉のはやりすたりは時代の気分を映しているのではないかと思うのだ。

ここ数年、とりわけ政治家の皆さんがむやみに「しっかり」を連発しているような気がしてならない。「しっかりやります！」「しっかり検討します！」「しっかり善処します！」きりっとした顔つきで、やる気満々に語気を強められると、なんとなく頼もしい印象は受ける。しかし、あまりに連発されると、ごまかされているような気もしてくる。「しっかり」にはなんら具体性がないからだ。雰囲気だけで押し切られているような……。

むかしの政治家は、庶民にちんぷんかんぷんの漢語を使うことがよくあった。それに比べれば、わかりやすい言葉で訴える態度は好ましい。とはいえ、へりくだりすぎるのもいかがなものか。

どこのだれとは言わないが、数年前政権をとった人々が、それ以前から蔓延《まんえん》しつつあった「へりくだり文化」（別名「いただきたがる症候群」）に拍車を掛けたのではないかと、私はひそかに疑っている。実際にテレビで聴いて仰天した二例を挙げよう。

「～と認識させていただいております」（大臣答弁）。「～と申し上げさせていただきました」（首相談）。

「認識」は「させていただく」必要などない。「認識しております」で十分。後者も、ふつうに「申し上げ」ればいいのであって、「させていただ」かなくても結構。

いったい何におびえているのだろう。国民に「偉そうだ、態度がでかい」と批判されるのが怖いのか。もちろん計算ずくでそういう言葉を連発しているとまでは思わない。ついつい癖で口をついてしまうのだろう。しかし、この「ついつい」に心根が表れる。無意識に「既得権益はしっかりいただきたい」という気分を露呈しているのでなければよいのだが。

かくいう私も、前述の業務連絡メールで今度は、「～してください」を「～していただけますか」に書き直し、さらに「～していただけますと幸いに存じます」にしようか迷い始めている。恐怖の敬語増殖スパイラル。誰か止めて～。

（二〇一三年十月三十日付）

# 率直にうれしい？

最近よく耳にして気になっているのが、「率直にうれしい」や「率直に感動しました」という言い方だ。この「率直に」は「率直にいって」の短縮形なのだろうか。それとも「正直うれしい」と言うつもりが、ふと混同してしまったのか。どちらも「直」なので紛らわしい。直子としてはたいへん気にかかる。

昨今、長たらしくてバカ丁寧な敬語が台頭する一方で、短縮形の流行もすさまじい。もちろん言葉に絶対的な基準はなく、時代の流れでじわじわと変わっていく。以前は誤用とされていても、世の中の大多数の人が「これがふつうの用法」と認識すれば、それがスタンダードになっていく。

ついでに言うと、私が稼業にしている字幕翻訳には、悶絶《もんぜつ》級の厳しい字数制限があるので、省略形が市民権を得ると言葉の字数が減って非常にありがたい（セコい？）。

二十年ほど前のことになるが、仕事先のオフィスで若者が発した「なにげに」という言

葉は忘れられない。率直にいって感動さえ覚えた。「おお～、なんだかポップでおもしろい言い方ではないか」と。

とはいえ、これは本来「なにげなく」というべきところなので、きまじめに考えると上述の「率直」以上におかしい。「なく」という否定辞をなくしてしまったら意味が逆転してしまう。

似た例で「ＫＹ」がある。「空気が読めない」を表す略語なのに、「ない」のニュアンスがどこにもない。「ＫＹ」では「空気が読める」の略ではないか。「読めない」と言いたいなら「ＫＹＮ」と書くべきではないのか。

このようにぶつくさぼやく自分が正直いやになってくる。言葉、とりわけ口語は、ニュアンスさえ伝わればいいのだから、眉間《みけん》に縦じわをよせたり目を三角にすることはないはずだ。これではガチガチの原理主義ではないか。

思うに、気持ち悪い誤用と愉快な誤用があるような気がする。これはもう感覚的なことでしかないのだが、まさにその感覚次第で物事は淘汰《とうた》される。いかなる権力者にも専制君主にも大多数の民衆のうねりは止められない。新語の定着も同様だろう。かつての「Ｅ電」はほろ苦い思い出と化し、最近では「母さん助けて詐欺」が早くも消えつつある。

乱れて押し寄せる言葉の濁流に仁王立ちして抵抗するか、「あ、こういう言い方もおもしろいよね」と軽やかに流れに乗るか、悩ましいところだ。濁流の岸辺に超然と立ち、その動向をウオッチするのがいちばん風流かもしれないが、ふだん私も「バリやば」などと口走っている。それでいいのか字幕屋！

（二〇一三年十一月六日付）

# 元気を与えたい？

かの震災後から特に気になっている言葉に、「元気（または夢、希望、感動など）を与えたい」がある。これを口にする人たちは本当に心優しく、しかも具体的な行動を起こしているすばらしい人たちなので、文句をつけたら罰が当たるのだが、それでもあえて突っ込みたい。「与えたい」って、ちょっと偉そうじゃありませんか。

もちろん言っている本人は決して偉そうでも上から目線でもなく、何かお役に立ちたい、力になりたい、という一心なのだが、やはり言葉は選びたい。「与える」では、上の者が下の者に何かを提供したり許可するというニュアンスになってしまう。先生が生徒に、あるいは親が子に「与える」ならいいのだが。では、どう言い直したらいいのだろう。「元気を差しあげたい」「元気になってもらいたい」くらいだろうか。

ここでいちばん問題にしたいのは、細かい言葉遣いよりも、「決まり文句の復唱」だ。

あくまで想像だが、被災地などでボランティアをしている頼もしい中学生や高校生たちが「元気を与えたいと思ってやっています！」と取材マイクに向かって言うのは、それ以前にテレビなどで「元気を与えたい」という言葉を何度も聞いて「こう言えばよいのだな」と思い込んでいるからではないだろうか。

確かに何度も耳にすると頭に刷り込まれ、自動的に口を突いて出てきてしまう。だが、ちょっと待て、頭は急に止まれない。聞き慣れた決まり文句ばかりを繰り返していると、外部から操作されるロボット状態にならないだろうか。もっと自分の心を見つめて、その感情に最もふさわしい言葉を探し出す努力もしたほうがいいような気がする。

言葉に限らず、自分の頭でゼロから物事を考える訓練は大切だ。そうすると世の中のおかしなことに気づきやすい。うっかり流されたり、力の強い人々にいいように操られたりする危険性も減る。

言葉が豊かだと、生きる楽しさは増すのではないだろうか。「めし、ふろ、ねる」や「ばか、死ね、きもい」だけでも、イキモノとしては生きていけるかもしれないが、あまりに殺伐としてくる。「別に」「かわいい」「やばい」だけの連発も味気ない。世界はもっと多彩な言葉でできている。

まずは身近な言葉から疑ってみよう。たとえば、アイドルグループでよく言われている

「恋愛禁止」。これはかなり変だと思う。「男女交際禁止」ならわかるが、恋愛は心の問題なので誰にもコントロールできないはずだ。交際は我慢できても、恋心はどうしようもない。秘めたる恋も片想いも、恋は恋。苦しいけれど華がある。

（二〇一三年十一月十三日付）

# 何になります？

厳しい字数制限ゆえに、一文字でも少ない日本語表現はないかと日々血まなこになっている字幕翻訳者は、最近の妙にとりすました言い方にイラっときてしまう。今日もテレビからこんな声が聞こえてきた。

「こちらが問題となっております食材というような状況になります」

右記は二十九文字もあるが、中身は「これが問題の食材です」の十文字で済む。なぜ「こちら」なのか、なぜ「というような状況」まで必要なのか、なぜ「なります」になるのか、イライラするー！

言葉の上げ底、または過剰包装だろうか。とはいえ、これはこれで話術としては効用もある。「あー」とか「えー」と同じような時間稼ぎになるのだ。人間そう誰しも立て板に水でしゃべることはできない。むだな言葉をクッションとして差し挟みつつ、次に言うことを考えている。同時通訳者にとっても、こういうスローなしゃべり方はありがたいかも

しれない。

私がイライラするのは「とりすました感じ」のほうだろうか。たとえば、世間でも最近よく取りざたされている「こちら、ステーキになります」という言い方。いったい何がステーキに「なる」のか。牛が？

レジでの「千円からお預かりします」もなんだかムズムズする。これは「千円をお預かりしてそこから料金を差し引いた残高であるところのお釣りを今からお渡ししますよ」という心かもしれないが……。

もうひとつ槍玉《やりだま》に挙げたいのは「にて」だ。口語ではあまり聞かないが、コンサートプログラムのプロフィールなどでむやみに出てきて辟易《へきえき》する。「○○にて生まれ、○○音大にて○○を専攻、○○コンクールにて金賞、○○にて○響と公演」。「にて」は「で」の雅《が》語《ご》形だが、こう連発されると全然「雅《みやび》」ではない。音楽家なら言葉のリズムにも敏感であってほしい。

「食べる」をすべて「いただく」と言いたがる人も苦手だ。「このソースをつけていただくとめっちゃうまいわ、やばーい！」って、そんな……。このせりふであればいっそ「食う」と言ってほしい。揚げ句の果てに隣の人にこうのたまう、「あなたもいただいてください」。ここは「召し上がる」でしょう。

人間にはお上品ぶりたい欲求があるのだろうか。ただ、中途半端に装うとかえって恥をかく。「正しい敬語を使えなくては一人前ではない」という昨今のプレッシャーも作用していそうだ。確かに、きちんとした敬語を操れる人はすばらしい。けれど自然体の素朴な人も美しい。あまり背伸びせず正直な気持ちを言葉にすれば相手に届く。形よりも心を大切にしたい。ここで最後に「イライラする言葉は以上でよろしかったでしょうか」と書いたら殴られるかもしれないが。

（二〇一三年十一月二十日付）

# カタカナなにかな

翻訳を稼業にしていながらこんなことを白状するのは恥ずかしいのだが、「カタストロフィー」と「カタルシス」をよく混同する。前者は「大災厄」、後者は「浄化」などと訳される。「トポス」と「パトス」も紛らわしい。ほかにも「レーゾンデートル」だの「ルサンチマン」だの……。学者や作家などインテリ系の人々の文章によく現れる。万能の訳語がないので原語そのままを使っているのかもしれないが、教養に乏しい私は「日本語で書いてくれないかなあ」とぼやく。漢字ならば、初めて見る言葉でも多少は意味がわかるのに。

こうした哲学的用語に限らず、昨今のカタカナ語蔓延にうんざりしている人は多いのではないだろうか。「弊社はグローバルカンパニーたるべくコンプライアンスを重視しベストソリューションを求めてチャレンジングに……」などと言われると、「日本語でしゃべ

れー！」と叫びたくなる。

ちなみに映画の字幕屋は、よく邦題に文句をつけられる。「原題そのままのカタカナ表記を邦題にするなんて味もそっけもない。もっとまじめにやれ！」と。確かに『ボーン・アルティメイタム』なんて、何ですかそれは、ですよね。アルティメイタムは「最後通牒《つうちょう》」、ボーンは人名だとか。私は「骨」かと思っていた。

外国語のカタカナ表記は無理があるのだ。アルティメイタムの意味を調べようとしたときも英和辞典のAのページを開いてしまった。恥ずかしい。正しくは「ultimatum」。

RとLも日本語表記では区別できない。「ライト」と書かれても、「軽い」のか「権利」なのか「明るい」のか「右」なのか「正しい」のか、わからない。ここまでカタカナ語が増えると、そのうち区別する手法が編みだされるだろうか。R発音なら「ラ」に下線をつけるとか。そういう工夫をしている語学入門書もある。

外来語の増殖を嘆くばかりではだめなのかもしれない。カタカナでも意味を知っていれば、頭の中でいちいち「翻訳」する手間が省ける。実用的な英語力が求められる昨今、悪いことばかりではない。

母語が外来種に侵食されるのは、あまりおもしろくないが、文字という点でいえば、日本語は漢字を中国から輸入し、そのバリエーションとしてかなが生まれた。いわば、いいとこどりのハイブリッドだ。近年の外来語も賢く血肉にしていけたら、と思う。
日本語で書かれた文面は美しい。ひらがなとカタカナと漢字がバランスよく収まっているとほれぼれする。かなやローマ字は、一つずつにほとんど意味がなく音のみを示す表音文字。象形文字の漢字は表情たっぷりだが、ぞろぞろ続いていると読みづらい。この両者をうまくあんばいして書きつづられた文は芸術品だ。世界に誇っていい美意識ではないだろうか。

（二〇一三年十一月二十七日付）

# 果実は苦いか甘いか

字幕屋のぼやき節もめでたく最終回。おはがきやメールなどで感想をお寄せくださった方々、本当にありがとうございました。ぐうたら太田の心の支えでした。

多くの人たちが日々、言葉の問題でイラっとしたりムカっときたりしていると知り、意を強くした。私は専門家ではないので理路整然と「ここがこうおかしい」とは主張できない。あくまで感覚的な違和感である。そもそも言葉は生き物で、時代とともに変化するのだから、絶対的な正解はない。あまり堅苦しく考えず、おもしろがればいいのだろう。

肉体同様、文章にも個々の匂いがあるはずだが、昨今は抗菌消臭に全力を尽くしたような「お利口な」文章が多くてちょっと寂しい。すでに何十回もメールでやり取りしているのに、とりつく島もないほど礼儀正しい姿勢を崩さない人もいる。こういう人とはあまりいい仕事はできない。

人間は機械やサイボーグではないので、マニュアルをはみ出すことがあっていい。仕事

に愛があればどこかで感情がほとばしる。最初はお互い硬い文面を書いても、ころあいを見て礼儀に反しない程度の軽いユーモアのエサをまくと、センスのある人は必ず食いついてくる。こちらは「よっしゃ、釣れた！」とガッツポーズ。そして楽しいやり取りが花開く。本コラムの担当記者さんもそうだった。

むろん一定の節度は必要だ。初めて届く業務メールに「お原稿はなるはやでお願いします」などと書いてあると、「この人との仕事はこれきりだろうなぁ」とも思う。あんばいは難しい。

要は距離感の取り方と中身だろう。最近気になっているのは「〇〇をお送りしますのでご確認ください」という業務連絡だ。何をしてほしいのか具体的に書いてない。送られたものをただ見ておけばいいのか、それとも賛否の意見がほしいのか、どっちなんだと、短気な字幕屋はまたもぷんすか頭から湯気を立てる。まあ「ご確認なさってください」という、へんてこな重複敬語よりはましだが。

「ご理解」「ご提案」「ご要望」など、「ご＋漢語」を書けばきちんとしたことを申し述べたような気になりがちだ。しかし扱い方には注意を要す。某大企業の公式文に「ご理解に努めたいと存じます」とあったときには、この会社だいじょうぶか、と心配になった。自分が「ご理解」してどうする。ここは「ご理解を得るよう努めたい」ではなかろうか。

紙幅が尽きたが、当コラムでいちばん訴えたかったのは、言葉に縛られるよりも、遊び心を発揮して楽しみましょう、ということ。そこで最後に歌いたい。

♪大きな言葉の木の下で、こぐまと私、楽しく遊びましょ～♪

言葉の果実は苦いか甘いか。私は毒のある言葉も愛している。

（二〇一三年十二月四日付）

# させられたくない

昨秋（二〇一三年）お邪魔した字幕屋が、こっそり帰ってまいりました。今度は月一でお目にかかります。

いきなり本題ですが、もう十数年前から気になっている表現に、「される」があります。つまり、「する」でなく「される」。いまだに忘れられないのが「この商品はこの地域で流通されています」というテレビリポート。「流通しています」でいいのでは？　この頃から同様の事例が急増し、自分の日本語感覚が揺らぎ始めたほどです。「＊店がオープンされました」。「オープンしました」でも？　「＊＊の作戦行動が展開されています」。「展開しています」では？

文法的にいちゃもんをつけるほどの素養は私にはありません。あくまで感覚的に「なんか嫌だなぁ」と思うばかり。なにが嫌かというと、「される」には無責任なにおいが漂う

のです。自分が「した」のではなく、だれかに「された」。つまり主体性が欠けているような……。考えすぎでしょうか。

この潮流の一環なのか、最近、妙に字幕屋のアンテナに引っかかってしまうのが「させられる」です。「感動させられました」「反省させられました」。もちろん間違った表現ではありません。むしろ気持ちが強くこもっています。単純に「感動／反省した」のではなく、「そんなつもりはなかったのに、すばらしい作品／行動に圧倒されて、感動／反省せずにはいられなくなった」という、他者を称えるニュアンスなのでしょう。

ちなみに先日、某大新聞でこんな表現にも出くわしました。「圧倒させられた」。これはさすがにやり過ぎではないでしょうか。あっさり「圧倒された」でいいはず。

仕事でも勉強でも、人に言われて「させられる」より、自分から「する」ほうが楽しいものです。やることは同じでも、追われるより追うほうがわくわくします。きっとでき上がったものの完成度も違うはず。

などと書いていると、本コラムの担当さんの声が聞こえてきそうです。「締め切りに追われるより、早めに原稿を書き上げたほうが楽しいですよ」。あわわ。

（二〇一四年七月十五日付）

# 癒やされたくない

「癒やし」という言葉がむやみに使われだしてから、ずいぶんたつような気がします。統計をとっているわけではありませんが、私の感覚では、今世紀に入って間もなく増殖し始めたような……。

先日もテレビ番組のレポートで大連発でした。野山を歩いて「癒やされます」、足湯に浸かって「癒やされます」、ハンモックに寝転がって「癒やされます」。わずか一分程度の体験レポートで発せられたセリフすべてが「癒やされます」なのです。しかも、レポートしているのはアナウンサー。言葉のプロがそんなことでどうする！

もちろん実際の収録は何時間もかけて行われたのでしょうし、ほかにいろんな感想が述べられたに違いありません。だとすれば、収録映像を編集した人の感性を疑うべきなのかも。

もっとほかに言い方はないのでしょうか。ごくあっさりと「なごみます」「ほっとしま

す」「気持ちいいです」でもいいはず。そもそも「癒やす」は、「病気や傷が治る」「悩みや悲しみが解消する」という意味なので、近年の用例は大げさすぎます。しかも、あまりに多用されるので、言葉の持つ本来の価値が低下ぎみ。すっかり手垢《てあか》がついて見る影もありません。

ただ、ふとこんなことも考えます。「癒やし」の需要が高いのは、現代人の多くが傷だらけでぼろぼろだからなのかもしれない、と。言葉のはやりすたりは時代を映すものだとも言いますし、肉体的な病や傷、傍目《はため》にわかりやすい悲しみがなくても、漠然と社会を覆う息苦しさを多くの人が感じているのかもしれません。

一方、鈍感かつひねくれ者の私は、「癒やし」がはやりだして以降、一切使わなくなりました。しかしこれはひねくれ者に限らないようで、私が「人間的に深いなぁ」と感じる人々も安易に「癒やし」を使いません。興味深い傾向です。世間の流れに呑まれない強さをそこに見いだす、というのは言いすぎでしょうか。

やたらと「癒やされたい」を連発するのは、いささかいやしい気がします。「こんな傷、なめときゃ治るさ」と豪語するたくましさや野性味、バリエーションに富んだ日本語表現が、なんとなく恋しい今日このごろです。

（二〇一四年八月十九日付）

# 「したい」は「してない」

本コラムへのお便りは、とても励みになります。のみならず、いろんなヒントもいただいて二重にありがたい限り。今回はそんな読者の方からのネタで一席伺います。

いわく、「『期待したい』も気になる日本語です。『期待したい』はまだ期待していない状態でしょう」。これには私も膝を打ちました。「～したい」は、「～する」という明確な表明を避けて「そうできたらいいんですけどねえ。でもひょっとしたらだめかも」と、軽く逃げを張っている印象です。

こうした責任逃れが気になるケースのひとつに、組織のお詫《わ》び会見があります。幹部が神妙な顔で居並び、一人が手元のカンニングペーパーに目を落としながら「このたびは世間をお騒がせし心よりお詫びしたいと思います」。

「したい」だけでなく「思います」までついてきました。しかも、被害を受けて苦しんで

棒読
えーと…
このたびは、ご迷惑を
おかけしたかも
しれません
今後このようなことが
ないようにしたいと
思います！
わびぐまブラザーズ（有料）

いる人がいるのに「世間をお騒がせ」したとおっしゃる。自分たちの不手際がどういう影響をもたらしたか本気で想像しているとは思えません。

きっと、その人は本当に何も悪いことはしなかったのでしょう。ひょっとすると、「役職上こういうとき泥をかぶらなきゃいけないんだよなぁ。これに耐えてる俺って偉い？」とまで腹の中でつぶやいておられるかも。悪いこともいいことも、何もしなかったのが問題なのに……。

昨今は総じて、断定的にものを言うのを避ける傾向にあります。うっかり言おうものなら「上から目線だ」とバッシングの嵐。敬語でも油断できません。今や「してください」も、どこか一方的で偉そうな感じがして、「していただけますか」に変更。「できたらでいいのですよ」という、相手の都合を慮《おもんぱか》った言い方でしょうか。思いやりの心はすばらしいのですが、やりすぎてストレスがたまり、今度は見知らぬ他者に苛烈な罵詈雑言《ばりぞうごん》をぶつけて憂さを晴らすという反動も現れています。

ところで私も昨日、映画会社へのメールで「字幕原稿は予定どおり〇日にお送りします」を「〇日にお送りしたいと思います」に書き換えました。これは完全に責任逃れです。

（二〇一四年九月十五日付）

# 悩ましい弱気な「的」

現在、東京国際映画祭のロシア映画翻訳で悶絶《もんぜつ》中です。上映日まで二週間しかないのに、映像と台本が届いたばかり。おかげで私的な予定はすべてキャンセルしました。

ここで質問です。右の「私的」をいま何と読みましたか？「してき」と読んでくださいましたよね。「わたしてき」ではなく。これが近年、字幕屋の悩みのひとつです。

ずいぶん前から、「わたし的にはこう思う」とか「俺的には無理」という言い方が増殖しています。「わたしはこう思う」「俺には無理」と言えばいいのに、「的」のクッションを条件反射的に挟む。「お願いします」を「お願いできますか」と言い換える心理同様、よく言えば気遣い、悪く言えば責任逃れでしょうか（「責任逃れです」と言い切れない私も同じ病）。

国語辞典を見ると「的」は「そのものではないが、それに似た性質を持つ（中略）の意

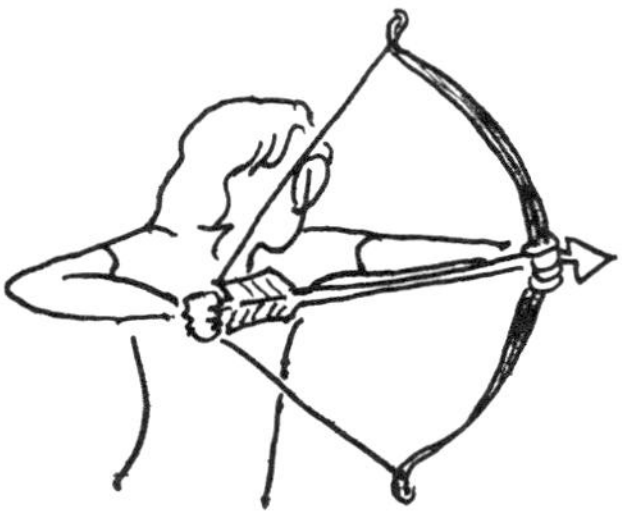

を表す」とあります。ズバリと言うことを避けているわけです。

こういう気遣い（弱気）と、ヘイトスピーチのような容赦ない罵倒（強気）が、両極化していることが気になります。人々が両極に分かれているのではなく、同じ人が両方をやっていそうなことにぞっとするのです。「〇〇死ね、出て行け」と叫んでいる人が、身近な相手には気遣い全開の物言いをし、スマホなどでかわいらしい絵文字・顔文字・スタンプを駆使する。うっかり既読スルーすれば、ここぞとばかりにいじめられる。

なんという痛ましい綱渡りでしょう。それほどまでに他者は恐ろしく、警戒しなければ私たちは生きていけないのでしょうか。下手な鉄砲も数打ちゃ当たると言いますが、むやみに気遣いばかりして疲れ果てるより、もっと的《まと》を絞ったほうが楽でしょうに。器用に立ち回ろうとするほどに、生きづらく不器用になっていくようです。

ともあれ、字幕屋が悩んでいるのは、もっと上っ面の話。先日、字幕原稿に「私的な会話」と書いたら、若い担当さんに「〝わたしてきな会話〟は、日本語として変では？」と言われました。仰天しつつ、「してき」とルビをふるのも業腹《ごうはら》なので、「では『内輪の会話』に修正します」と答える弱気な字幕屋。もう少し強気で抗戦すべきでしょうか。

（二〇一四年十月二十一日付）

# 世界観、恐るべし

「世界観」がすごいことになっているらしい、と気づいたのは今年の初めごろだったでしょうか。つい数年前まで、この言葉は哲学的な論考にしか出てこなかったのに、あれよあれよという間に身近なレベルへ舞い降りてきました。

国語辞典を引くと、世界観＝「世界とはこういうものだ、その中で人はこう生きるものだという、世界・人生に対する見方（新明解）」「世界を全体として意味づける見方（広辞苑）」などとあります。そもそもドイツの哲学用語から発した言葉らしいので、いやがうえにもインテリの香りがします。

ところがいつしか「世界観」が流行の兆しを見せ、今や大開花。多くの文化人がインタビューやコラムで「世界

観」を連発しています。「この人物は僕のつくる世界観にぴたりとはまる」「この不思議な世界観が見どころだ」などなど。急に皆さんが「世界観」大好き人間になりました。

もちろんこうした人々はインテリの範疇《はんちゅう》なのでさほど不思議ではありませんが、私にとどめを刺したのは、ラジオで聴いた結婚式場の宣伝です。いわく、「会場に雪を降らせて『アナと雪の女王』の世界観を感じていただければ」。そういうことも「世界観」だったのか！　翌日にはこんな文言も聞こえてきました。ファッション雑誌の宣伝なのですが、「どのページにもふんわりかわいい世界観が詰まっています」。おおお……。世界観、恐るべし。

文脈から察するに、あっさり「世界」と言ってしまってもいいところを、「観」をつけると意味深な雰囲気が出せるので、つい口走ってしまった、という印象です。「ドラマ化で原作の世界観が壊された」と怒っている人々もいます。この場合は世界観＝イメージでしょうか。

大げさな表現を好んで使う傾向がかなり以前からあるような気がしています。何か問題が発生すると、「戦犯」「玉砕」など、必要以上に扇情的な文言を使いたがるのも同様。そのほうが何となく盛り上がるからでしょう。特にある種の殿方は今も戦争用語がお好きなようで。

小さな子どもが「人生で初めて」などと口にすると、こちらはぷっと噴き出して苦笑してしまうように、むやみと大げさな物言いをするのは恥ずかしいことなのかもしれません。かくいう私も「悶絶《もんぜつ》」や「炸裂《さくれつ》」が大好きなのですが……。

（二〇一四年十一月十八日付）

# ブレずに粛々と？

好きだった言葉が、世間で急に多用され始めて嫌いになる、ということがけっこうあります。「癒やし」もそうですし、近年では「言葉を紡ぐ」が憎らしくなりかけています。

そんな小姑《こじゅうと》的字幕屋のムカつきアンテナに最近ひっかかるのが「粛々と」。国語辞典を引くと「静かに行動するさま、おごそかな様子」などとあって、たいへんに慎《つつ》ましやかです。大声で憎悪を叫んだり、匿名で人をののしることも多い世の中、こうした態度は好ましくさえ感じます。ところが、この言葉をよく用いるのは政治家や役人、大会社の大幹部。こうなるとニュアンスが変わってきます。

例えば先日、米軍基地の県内移転反対を訴える人が選挙で選ばれたとき、防衛省は「移転は粛々と進めていくだけです」というコメントを出しました。これを聞いて「ずる〜い！」と叫んだ字幕屋。「移転は進めます」だけだと傲慢《ごうまん》な印象ですが、「粛々と」という

言葉を差し挟むことでその印象が薄められます。他者（世論）を無視するためのブロック効果でしょうか。「うちらはまじめにルールに則《のっと》って仕事してます。雑音（！）には耳を貸しません」という気持ちが見て取れます。

選挙で敗退した現職氏は、退任のわずか数日前に基地移転に関わる申請を承認しました。氏も心の中で「粛々と」とつぶやいていたのかもしれません。あるいは「私はブレない人間なのだ」と？

周囲の声を雑音扱いして耳を貸さないという点では、まずい兆候が見えているのに「この道しかない！」と突き進むのをかっこいいと思っている人も、どこか勘違いしているのではないでしょうか。

人生でも、いろんな人の声に耳を傾けて、そのたびに揺れ動き、「どうしたらいいのだ！」と悩むのは、めんどくさいことかもしれませんが、絶対的な正解がない以上、引き返す勇気も必要です。

「政治やビジネスは複雑なんだよ。これだから素人は困る」と言われそうですが、素人の声を無視する者こそプロの皮を被《かぶ》ったド素人。私も「こんな字幕はダメ」という指摘にキレそうになるのをぐっとこらえて真摯《しんし》に悩もうと思います（たまにキレてますが）。

（二〇一四年十二月十六日付）

# 日本人がいっぱい

少子化で人口は減りつつあるのに日本人が増えています。ミステリー？　いえ、人数の話ではなく、「日本人」をことさら強調するような言説が増えている気がするのです。

特に目につくのが、番組名や書名、宣伝文句など。「日本人が選んだ○○」「日本人の活躍を支える○○」「世界が○○した日本人」「クイズ日本人の○○」。

もちろんこれらは制作スタッフが、特に他意なく一生懸命考えた結果なのでしょうが、私は毎度ひやりとしてしまいます。日本に暮らしている人全員が日本人とは限らないのに大丈夫だろうか、疎外感を抱いてしまう人もいるのではないか、と。

他国からの侵略をほとんど経験してこなかった島国ゆえか、日本に暮らす人々は、こういうことに昔からいくぶん無自覚なようです。それでつい「われわれ日本人は」などと口にしてしまうのでしょう。

けれど近年は、それよりもっと自覚的な、「日本人であること」の主張が目につきます。そしてそれは、えてして排他的な表現です。

最近、友人から聞いた話に衝撃を受けました。電車内で見知らぬ者同士がケンカをしていたとき、片方が「おまえは日本人なのか？」と相手に詰め寄ったというのです。どうせケンカの原因なんて、肩がぶつかったとかヘッドホンの音漏れでイライラしたとか、そんなものでしょう。なのになぜそこで「日本人」という言葉が出てくるのか。

自分個人に自信がないから、最後の砦《とりで》である「日本人」というアイデンティティーにすがろうとしているのかもしれません。これなら仲間もたくさんいますし、まさに問答無用の帰属先です。しかし、それならいっそ「人間」というアイデンティティーのほうがよくはないでしょうか。え？　それでは範囲が広すぎて、威張る相手や怒りをぶつける「敵」がいなくなる？　いいではありませんか。寛容こそ世界平和のもとです。

最近妙に増えた、「日本の技術やシステムのすばらしさに外国の人たちが驚いた」という趣旨のテレビ番組で、出演者が「日本人として誇りに思います」と言うのを聞くと、「それ、あんたがつくったわけちゃうやろ」と突っ込みを入れたくなってしまう私も、寛容さに欠けるのかもしれませんが……。

（二〇一五年一月二十日付）

# 「患者さま」の憂うつ

不健康な暮らしぶりながら、病院とはほとんど無縁に過ごして数十年。ついに年貢の納め時か、大病院へせっせと通う身の上となりました。そこで待ち受けていたのが「患者さま」という言葉です。なんだか偉くなったようで気分がいい？　いえいえ。ただでさえ弱っている身にこの言葉が降り注ぐと、吐き気、倦怠《けんたい》、脱力感に襲われ病状が悪化しそうです。だって、なんだか気持ち悪くありませんか、「患者さま」なんて。ではどう言い換えるべきか、と問われると、はたと困るのですが。

子どものころ、教師だった父あての郵便物に「太田先生様」というのがたまに混じっていて、両親から「先生という言葉そのものに敬意が含まれているので、さらに様をつけるのはおかしい」と教わり、この点は気をつけてきました。社長や首相なども同様だと思います。

しかし「患者」という言葉に敬意のニュアンスはありません。患者に向けた文面で「患

者が安心して医療を受けられるよう」と書いてあると、確かに少し失礼な印象です。かくて「患者さまがご安心のうえ医療をお受けになられますよう」などという、敬意のぎっしり詰まった文言が院内のあちこちに出没するはめに。

言い換えるとしたら「患者の皆さま」くらいが妥当でしょうか。でも内容によっては「皆さま」でないこともあります。「ご家族」にならって「ご患者」でも変ですし……。

そんなことをああでもないこうでもないと考えていると、つとに悪名高い大病院の長い待ち時間もあっという間に過ぎてしまいます。もしや「患者さま」を多用する真の意図はここにあるのかも？　まさか。

医療もサービス業であるという意識改革ゆえであれば、四の五の言わずに歓迎すべきなのかもしれません。実際、医師も看護師も事務職の皆さんも、とても優しくて親切で丁寧。ただ、その一方で、いざ検査や治療となると初対面でも「大丈夫？　つらかったねえ」など、あっさりタメグチになるのはどうしたことでしょうか。苦痛に身悶《みもだ》える患者がかわいそうで、つい保護者的心理になるのかもしれませんが、子ども扱いされている気がして、ちょっと不満です。こんなことで文句を言う私は、きっと厄介でめんどくさい「患者さま」なのでしょうね。

（二〇一五年二月十六日付）

# 屈しないと言うよりも……

今年の一月以降、「テロに屈しない」という言葉が世界中で盛んに言われ続けています。もちろんこれは立派な決意表明にちがいありません。けれども、ひねくれ字幕屋は胸から胃にかけてモヤモヤが消えず困っています。この症状の原因は何なのでしょう。

言葉から受けるイメージは個人差があるでしょうが、私にとって「屈する」は、強い相手に屈服するイメージ。「権力に屈する」などが典型例です。従って、否定形の「屈しない」は「自分は弱い立場だけど負けないぞ」というニュアンスをまとうことになります。

私のモヤモヤの原因はこのへんにあるようです。一市民が「テロに屈しない」と言うならまだしも、世界有数の経済力や軍事力を誇る大国の首脳がそれを口にすると、どっと違和感が押し寄せるというわけです。強者のくせに弱者ぶるんじゃないよ、と。

第二次世界大戦あたりまでは大抵どの国も、いかに自分たちが強いかをアピールしてい

ました。ありもしない「快進撃」を得意げに大発表したり。でも今は一転、いかに自分たちがひどい目にあっているかを言い立てるのが主流のようです。この情報化社会、虚勢を張ってもすぐにバレますし、被害者でいたほうが同情や共感を得やすいということでしょうか。

しかし、へりくだってばかりいるのが美徳ではありません。むしろ、はた迷惑なだけです。「あなたからどうぞ」「いえいえ、あなたから」「それはいけません、ぜひあなたから」「わたしなんかがとんでもない、ぜひともあなたから」……って、どっちでもいいから、おまえらさっさとそこをどけ！　邪魔だ！　というようなこと、日常でよくありませんか。ちょっと例が卑近すぎましたが、自分の立場や影響力を自覚し、相応の振る舞いをすることも大切だと思うのです。

さて、「テロに屈しない」に文句をつける以上、別の言い方を提案しておこうと思います。「テロに動じない」ではどうでしょう。

とはいえ、そもそもテロとは何でしょうか。特にここ十五年ほどは、自分たちにとって不快なことや危険なことを全部「テロ」と呼んで終わらせてはいないでしょうか。なぜそういうことが起きたのか原因を深く探ってみることもなく……。

（二〇一五年三月十七日付）

# お!

以前、気になる日本語として「患者さま」を俎上《そじょう》に載せましたが、この言葉が多用される病院の現状をさらに探求すべく、二カ月ばかり潜入取材を敢行……したわけではなく、単に入院していました。

病気なのだから余計なことは考えずおとなしく療養していればよさそうなものですが、哀しいかな「気になるアンテナ」だけは健在で、いろんな言葉が引っかかってきます。さすがは「患者さま」発祥の地、病院。そこは、ちょっとこそばゆい丁寧語の宝庫でした。なかでも大活躍だったのが「お」。

もちろん「お着替え」や「お薬」は当たり前。「お痛みはいかがですか」と聞かれたときは意表をつかれ、痛みが増したようでした。患者自身の体に関わることとはいえ、そこまで気を遣っていただかなくても……。しかし痛みどころではありません。私がつながれ

ている各種チューブさえ、ただではすまないのです。その名も「おくだ」。一瞬、奥田さんという看護師さんでもいるのかと思いましたが、意味するところは「お管」。

こうなると患者の体の各部位に「お」がつくのは必定です。「お尻」「おなか」は当然として、「お胸」となると「いやぁ、そんな立派なものではありませんが」とつぶやきたくなります。「お首」ときた日には思わずおくび（げっぷ）が出そうでした。

もうひとつ、妙に感心したのが「おしも」。人型ロボット「アシモ」の仲間かと思いきや「下の世話をする」というときの「しも」なのですね。「お下きれいにさせていただきます」と、さらりと言って、てきぱき洗ってくれる看護師さんは、まさに天使です。

こうした環境に二カ月も身を置くと、こちらまで感化され、以前は決して使わなかった「お食事」だの「お洋服」だのというお上品な言葉が自然と口をついて出てきます。バンカラ字幕屋としては、どうもお尻……もとい、尻がむずがゆくて困ります。

そうぼやきながら当てもなく病院内を徘徊《はいかい》していると、こんなアナウンスが聞こえてきました。「ご入院患者さまのオオタさん、至急病棟へお戻りくださ い」。なぜか名前だけ「さま」でなく「さん」なのです。この使い分けの真意も謎のまま。もう一度入院したほうがよいでしょうか。


（二〇一五年六月十六日付）

# こらしめる

「マスコミをこらしめる」という国会議員の発言が報道威圧だと大問題になったとき、字幕屋の〝気になるアンテナ〟は、さらに別の角度からも引っかかりを感じていました。「こらしめる」という言葉自体、どこか場違いなのです。

なんらかの問題を解決したいとき、たとえ相手に非があるとしても「こらしめる」などという言葉をいいおとなが本気で使うでしょうか。重要な問題であればあるほど、似つかわしくありません。まるでおとぎ話の用語みたいで、私の脳裏には桃太郎の鬼退治が浮かんでしまいました。現実離れしていて真剣味が足りない印象です。

「桃太郎」のような勧善懲悪のお話は世界中にたくさんあって、たいていが悪さをする怪物を英雄が退治するというものです。むろん相手の気持ちなど考慮無用、話し合いの余地もありません。なにしろ相手は人間ではありませんから。

これって、現政権および与党に最近顕著な「聞く耳を持たない」姿勢と似ていませんか。何かにつけ「瑕疵《かし》はない」「批判は当たらない」「粛々と進めるのみ」、挙げ句の果てに「早く質問しろよ」。取り付く島もないとはこのことです。

彼らはなぜああも他者の言葉に耳を貸そうとしないのでしょうか。自分たちが正しいと信じ込んでいるから？　たぶん幾分かはそれもあると思います。けれど私はもっと恐ろしい可能性を思いついてしまいました。つまり……、単にものを考えるのがめんどくさいだけなのでは？

これが杞憂《きゆう》であることを切に祈る字幕屋ですが、そのような気配は数十年前から広く世の中に漂っていました。わかりやすさを求め、マニュアルにばかり頼る、思考停止の風潮です（余談ですが、このせいで字幕原稿をどれだけ理不尽に改変されたことか！）。

自己の存亡がかかっていれば必死に考えもするのでしょうが、多数決で押し切れるのなら別にいいじゃん、となるのかも。真摯な思考はエネルギーも時間もかかって不経済というわけです。かくて精神や知性はどんどん劣化していきます。

ところで今回、「桃太郎」をインターネットで検索して、昔の唱歌に出くわしたのですが、四番の歌詞の最後のフレーズは、「つぶしてしまえ鬼ケ島」でした。やっぱりなぁ……。

（二〇一五年七月二十一日付）

# なんとなく、句読点

ある日、新聞の映画欄を見て、のけぞりました。そこで紹介されている映画三作品の邦題が、『涙するまで、生きる』『追憶と、踊りながら』『アドバンスト・スタイル　そのファッションが、人生』。わざと選んだのかと思うほど、どれも読点（、）の位置が変。というか、どの読点もなくていいのでは？　最近、句読点の打ち方がおかしなことになっているようなのです。

もちろん句読点に厳密なルールはありません。句点（。）は文の終わりにつけるので、わりあい判断しやすいのですが、読点（、）となると自由度が高すぎて、私自身いつも迷いの種。今も、こうして、一応、自分なりに、最善を、願い、読点を、打っていますが、あまり、多くても、ご覧のとおり、うっとうしい、ですよね。そうかといってこのようにまったくなしですまそうとするとはなはだよみづらくなります。

最初に映画の題名を槍玉に挙げましたが、これらは確信犯というか、わざと引っかかり

を感じさせるよう意図している可能性もあります。強調や装飾としての「、」ですね。思えばすでに三十五年前、『なんとなく、クリスタル』という例もありました。

作品名やキャッチコピーなどで、こういう手法が多用されるようですが、個人的には、あまり好きではありません。つい先ごろ目にした『妻たちの逆襲、に気をつけて！』など、どうにも据わりが悪いですし、「ともに生きるを、守りつづける。」にいたっては、なんのことやらよくわかりません。

通常の文章でも似たような例が増えています。「なぜ、彼は帰ったのか」、「むしろ、悲しい」など、なくてもよさそうな読点が花盛り。「そうにちがいない、はずだ」なんてのもありました。「ちがいない」と言い切ろうとしてふと迷いが生じ、読点でひと呼吸おいてから「はず」を付け足したのでしょう。書いているときの気持ちの動きや呼吸が反映されています。悪く言えば、書き言葉を装いつつ、実際には「おしゃべり」をそのまま文字化しているわけです。メールやネット上の文章にこうした傾向が強く、それが今や世間の標準になりかけていて、ちょっと心配。

ちなみに、意外と知られていないことですが、映画字幕では句読点を使いません。句読点の代わりにスペースを空けて読みやすくしてあります。どうぞお見知りおきを。

（二〇一五年八月十八日付）

# ハラハラ

セクシュアルハラスメントという言葉が世間に広まり始めたころ、「いやな言葉だなあ」と思ったものです。何より問題なのは、その字数の多さ。嫌う理由が少しズレているでしょうか。映画の字幕はいかに字数を少なくするかが重要なので、十二文字もある単語など天敵に等しいのです。

しかしありがたいことに、すぐ「セクハラ」という省略形が定着しました。なんでも略して言いたがる風潮に眉をひそめる方々もおられるでしょうし、私も個人的にはそうなのですが、字幕屋としては一文字でも減らしたいのが本音です。

さて、とはいえ、ことは省略問題だけではありません。はやり言葉は増殖するのが運命。ごきぶりを一匹見たら五十匹いると思え、と言うのにも似て（似てない?）言葉もひとつはやれば、あっという間に姉妹品ならぬ姉妹語が雨後の竹の子のごとく出てきます。

パワハラ、モラハラ、マタハラ、エイハラ。これらはまだ、パワー、モラル、マタニテ

ィー、エイジ（年齢）と、一応は英語仕立てになっていますが、認ハラやオワハラにいたっては、もう何がなんだか……。こうなるとちょっとしたクイズですね。認ハラは認知症ハラスメント、オワハラは、企業が内定を出した学生に「もう就職活動は終われ」と強要することだそうです。

よくぞこんな造語を思いついたものだと感心しますが、もちろん褒めているわけではありません。そもそも○○ハラはなんとなく響きがよくないですし、略すことでどこか軽々しさを帯び、実際に被害を受けている人たちの深刻さが伝わりにくいように思います。確かに、被害に名前をつけてしまえば便利ですが、それだけで安心してしまい、実態や本質を深く追究し損ねることにならないでしょうか。

インターネット上には三十数種類のハラスメントを列挙したサイトまでありました。人がいやだと思う行為の数だけ姉妹語は増え続けそうな勢いです。そのうち、やたらと○○ハラを連発して相手に難癖をつける行為が「ハラハラ」と呼ばれるかもしれません。

世の中には、はやり言葉をあえて使わないという人もいます。ささやかな抵抗かもしれませんが、安易に流されない姿勢がすてきです。私もそうありたいと思いますが、字幕で使うのだけはどうかお許しを。

（二〇一五年九月十五日付）

# 「1億相」

安倍政権の新しい目玉「1億総活躍」の評判がすこぶる悪いようです。私も最初に聞いたときは何の冗談かと思いました。

とはいえ、好意的な意見も散見されます。「誰もが各自の能力を十全に発揮して生き生きと生きられる社会を目指すのは、すばらしいことだ」と。ごもっとも。なのにどうしてこんなに各方面でボロクソに言われているのでしょう。

まず閣僚のネーミングとして妙に軽い、ということがあります。「財務」や「外務」などに比べ、思いがこもりすぎていて、かえって気持ちが悪い。特に私が「うっとうしいな」と感じるのは、その前向きな姿勢

です。近年、何かといえば「逆境にめげず頑張ろう！」と唱え、感動物語を盛り上げようとしますが、これがどうにも息苦しい。ましてや、国による生き方指南など余計なお世話です。

けなげに頑張るのは立派ですが、ときにはくじけて立ち上がれないときだってあります。人間はサイボーグじゃありません。なのに、前向きな姿勢をやめたとたん自己責任だなんだと切り捨てられる。後ろ向きで暗い人間はみんなのやる気に水を差すので、存在しないことにされる。いやな風潮です。

もちろん、政治における表向きの言葉が「前向きモード」にならざるを得ないのはわかります。「ぐうたら担当相」だの「脱力担当相」だのをつくられても困りますしね。ただ、その「前向き」は本物なのか。やる気をアピールしているだけの空疎なスローガンではないのか。主張している本人は真剣なつもりでも、実は自己陶酔にすぎないのではないか。疑い過ぎでしょうか？

そう勘ぐってしまう原因のひとつに、例のニューヨークでの記者会見があります。「日本はシリア難民を受け入れるか」と問われて「移民を受け入れるよりも前にやるべきことがある。女性、高齢者の活躍だ」と……。なんですか、あれは。テレビで聞いていて私は椅子から転げ落ちそうになりました。難民と移民をごっちゃにし、のみならず彼らを「労働力」の観点からしか見ておらず、個々の苦難や絶望に鈍感であることが、ことごとく露呈した返答でした。

ついでに、もうひとつ。できれば「1億」は「一億」と漢数字で書いていただきたい。そのほうが美しくないですか。うるさ過ぎます?

(二〇一五年十月二十七日付)

# すぎたるは……

昨今、「すぎる」が多すぎる気がしませんか。なにかといえば、「残念すぎる」「おもしろすぎる」「かわいすぎる」。名詞にまでくっついて「美人すぎる」。さらには、程度の高さを表す「すごい」だけでは飽き足らず、これでもかとばかりに「すごすぎる」。何がそんなにすごいのかと思って目をやれば、さほど大したことではなかったり……。どうも皆さん大げさすぎるようです（ここにも「すぎる」が！）。

喜びや苦しさ、驚きなどを伝えようとして、ついつい力がこもり、過剰な誇張表現をしがちなのかもしれません。「めちゃくちゃ楽しかった」や「死ぬほど笑った」などもそうですし、一見すごみのある熟語「炸裂《さくれつ》」や「悶絶《もんぜつ》」などは、実を言うと私の大のお気に入り。多用しすぎる（また！）傾向にあるので気をつけなければと、いつも自戒しています。

確かに、大げさな言葉を使うと、なんとなく刺激的で盛り上がりますし、めりはりがき

いて技巧的な香りもします。しかし、なんとかのひとつ覚えで、連発しすぎれば効果も半減。それどころか語彙《ごい》の乏しさを露呈するのみです。

なのに昨今は平気で右へならえ、ワンパターンフレーズの大合唱。語彙の乏しさがばれるより、周囲の人と違ったことを言って浮いてしまうほうが怖いのか、はたまた単に適切な言葉を探すのがめんどくさいだけなのか、言葉に対する姿勢がひどくおざなりに見えます。そして、その手抜きを補うために、誇張表現でスパイスを効かせようとする。

もっと穏当ながら繊細で上質な言葉を探すことに力を注ぐことはできないものでしょうか。言葉をおろそかにすると、生き方そのものが雑になる気がします。刺激ばかり追い求めず、細部に目を配り、ゆっくりじっくり向き合えば、心のありようも少しは変わってくるかもしれません。「そんなの無理！　忙しすぎる！」という声があちこちから聞こえてきそうですが、「！」の多用にも要注意。

ただ、今夏の甲子園大会で高校球児が、お世話になったホテルのホワイトボードに「おいしすぎるご飯ありがとうございました！」と書いたのは、とてもキュートでさわやかなエピソードだと思いました。印象の良し悪しは本当に紙一重なのですね。

（二〇一五年十一月十七日付）

# 一個、二個……

最近、妙に「個」が耳に引っかかります。といっても、個性や個人の尊重という難しい話ではなく、ものを数えるときの「個」。「えっ、それを一個二個で言い表すの？」と驚くことしばしばなのです。間違いというわけではないのでしょうが、なんとなく違和感をぬぐえません。

たとえば、「離婚原因の一個は」「年齢が三個ちがう」「コツを一個でも学んで」「あなたはこの条件に何個あてはまる？」など。とりわけぎょっとしたのは、「台風が二個発生」「三十七個の都市」。しかもそれを口にしたのは民放キー局のアナウンサーでした。

感じ方は人それぞれだと思いますが、私はこうした「個」に幼稚な響きを聴き取ってしまいます。まだ十分に話せない小さな子どもがなんでも一個二個と数えるイメージ。本物の幼児ならかわいらしいのですが、おとなにはどうも似合いません。

もちろん、ここで例に挙げた「一個二個」や「何個」は、ほとんどが「ひとつ、ふたつ」「いくつ」で言い換えられるものばかりなので、まだましかなとは思っています。もしもこれが、ほかの助数詞にまで及んだら目も当てられません。

中国語や日本語などにある、ものを数えるときの多彩な助数詞は、その言語や文化の繊細さを映しているようで、美しいものです。詩一編、鳥一羽、花一輪、箸一膳……。英語など欧米の言語ではあまり見かけません。もちろん、すべてを正しく使いこなすのは日本語を母語とする者でも難しく、時には恥をかいたり悩んだり。うさぎ一羽、蝶一頭と書くと、かえって間違いだと指摘されそうで、いっそ「一匹」にすべきか迷ったり……。

それでも、難しいからと小さな子どもに対してはレベルを下げ、何もかも一個二個と言ってしまうのは、よくないと思います。すぐには覚えられなくても、日ごろ周りのおとなたちが口にしていれば自然と身につくはず。敬語などもそうではないでしょうか。

教科書を必死で覚え込むような、ことさらな「お勉強」よりも、幼児からじんわりと理屈抜きで身にしみこませるほうが本物になります。いちいち注意や指導をしなくても、言葉の能力は親の背中を見て(聞いて?)いつの間にか養われるもの。ふだんの会話が教科書なのです。

(二〇一五年十二月十五日付)

その二

# 字幕屋は銀幕の裏側でクダを巻く

# アタシを守って！

記念すべき連載第一回（『本が好き！』光文社）に取り上げる映画としては「どうよ？」という気がしないでもない。目利きには「けっ！」と言われそうだ。私自身、字幕翻訳を担当した当初、「うへ〜、ただのアイドル映画じゃん」と思った（『ボディガード』一九九二年製作）。ただ、ひとつだけ妙に心に残ったせりふがある。

かっこよくてプロ意識バリバリのボディガード（ケビン・コスナー）が、ヒロインの歌姫（ホイットニー・ヒューストン）に「守る自信があるのね」と言われて、こう答える。

If someone's willing to swap his life for a kill, nothing can stop him.

字幕「命懸けで来られたら　どうしようもない」

字幕は〝要約〟である。せりふ一秒につき四文字という制約で翻訳している。直訳では長すぎて観客が読み切れないからだ。

右のせりふは四秒ほどで字幕は十七字だが、まともに訳すと「もし誰かが自分の命と引き換えてでも人殺しをやる気でいるなら　決して阻止できない」で三十八字。読み終える前に消えてしまうだけでなく、字幕は四行にもなってステキなケビン様の顔半分を覆ってしまう。

このせりふがなぜ胸に刻まれたのか明確に気づくには九年を要した。そう、二〇〇一年九月十一日以降のことになる。ハイテクを駆使しセキュリティに万全を期しても阻止しづらい自爆テロ。その困難さを言い当てていたのだ。テロリストの深い絶望までは考察していないが……（なにしろアイドル映画ですから）。

コスナー出演作をすべて見ているわけではないし、ファンには石を投げられそうだが、ひねくれ字幕屋にはあのヒロイズムがどうも気に入らない。そんなにカッコつけたいか、ケビン。不遇をかこちつつも最後に偉業を達成する投手の話『ラブ・オブ・ザ・ゲーム』（一九九九年製作）では、台本を書き起こしてくれた英語圏人《ネイティブ》も辟易《へきえき》したらしく、台本の末尾に「the end」と記すだけではあきたらず「at last!（やっと終わり！）」と書き込んであった。

もっとコミカルな才があるはずなのだ。無名時代の西部劇『シルバラード』（一九八五年製作）では、軽薄なサルのごときガンマンを爽快に演じていた。やればできるじゃん、ケビン。貧しい開拓時代の初心忘るべからず。強く豊かになっても謙虚であれ（お国もね)。

『ボディガード』で、歌姫をつけ狙う犯人やストーカーの動機は、「お前はすべてを持っている。私には何もない」だった。映画は特定の「悪者」をやっつけてめでたしだが、現実には同じような動機を持った者たちが際限なくやって来る。かっこよく銃でバキューンでは何も解決しない。「変な人たちが文句つけてくるの。怖いわ。アタシを守って!」と身をくねらせる前に、考えるべきことがあるだろう。

ちなみに、ボディガードと歌姫がデートで入った映画館の入口には「アタシ」というカタカナのネオンがきらめいていた。「シアター」のつもりらしい。二人が仲良く見たのは黒澤の『用心棒』。三船の決めぜりふは字幕屋の心を代弁してくれている。

「まったく、バカにつける薬はねえな」

(二〇〇七年八月号)

## 兄弟も「見た目が9割？」

泣く子もさらに泣きわめきそうな燦然《さんぜん》と輝く古典『エデンの東』（一九五五年公開）を取り上げるなど百年早い気もするが、字幕翻訳を担当してしまったので一筆。

もちろん劇場公開時に翻訳したわけではない。そのころ私はまだ生まれていない。某公共放送のための字幕だ。この放送局は表記基準が厳しくていつも苦労させられるが、いいこともある。どんな名訳が過去にあっても、字幕は必ず新しく作り直すのだ。これまで、『リオ・ブラボー』『狼たちの午後』など、夢のような作品も手がけることができた。

で、『エデンの東』である。夭折《ようせつ》した伝説のスター、ジェームズ・ディーンの初主演作。父子および兄弟の葛藤物語で、聖書の「カインとアベル」が下敷きになっている。原作はスタインベックの同名小説。

きまじめな父アダムには二人の息子がいる。温厚で素直な優等生アロンと、奔放で素行不良のキャル（J・ディーン）。「どうせおれは生まれつきダメなやつなんだ。だから父さんにも愛されないいんだ」と、いじけるキャルだったが、一念発起して「父さんのために」

と頑張る。ところが……。あとは映画を見てください。

ここでツッコミたいのは、日本で紹介されているほとんどの粗筋で「兄アロン弟キャル」となっていることだ。二人は双子である。映画の中で「双子」という言葉は一度も出てこないが、「僕とキャルが生まれてすぐ母は死んだ」などのせりふから明白だし(兄弟の生年が違っていたら、こんな言い方はしない)、原作小説でも双子となっている。兄か弟かを示す言葉は映画にも小説にもない。そもそも英語で兄弟姉妹はすべて「ブラザー、シスター」で、上下の区別はめったにつけない。まして双子で兄・弟を特定するはずがない。なのに、なぜ日本語の粗筋では「兄アロン」なのか?

戦後一掃されたはずの家父長制度に原因があるのではないだろうか。要するに「家を継ぐべき長男はだれ?」てな話。この二十一世紀にそんなもん、と思うが、長男プレッシャーはあちこちの「ご立派な、やんごとなき」ご家庭で、いまだ息子たちを苦しめているらしい。

アロンが「兄」と目されたのは、父親お気に入りの優等生だからだ。伝統ある格式高いわが家を継ぐのは、素直でまじめな息子に限る、というわけ。一方のキャルは、J・ディーンが当時の定型をうち破るような独特の演技をしたために、いかにも「いじけてすねるナイーブな若者」となって、「弟」と目された。「見た目9割」で粗筋が作られたわけだ。

いつも字数制限に汲々《きゅうきゅう》とする字幕屋としては、上下関係がはっきりしているほうが正直ありがたい。「アロン」でなく「兄貴」と書くほうが一字減るし、「キャル」を弟にできれば二字も減る。とはいえ特定するなら、聖書の「カインとアベル」に基づいて、「兄カイン＝キャル」「弟アベル＝アロン」とすべきだろう。逆なのだ。アロンを絶望の淵に追いやったあとのキャルのせりふにも、それは表れている。父に「アロンはどこだ」と問われていわく、

I don't know. I'm not my brother's keeper.
字幕「やつの番人じゃない」

聖書で、弟アベルを殺したカインが、神に「アベルはどこだ」と聞かれて答える言葉とほぼ同じ。結局、放送用字幕では兄・弟の区別を一切つけなかった。
ところで、右のせりふは二秒半なので一秒四字の制約で考えれば、字幕は十字以内。「さあね　知るもんか」でもいいのだが、聖書の引用ということにこだわって、少々わかりにくい字幕になった。せめて「俺は奴の番人じゃない」（これなら十字）にしたかったが、某公共放送局で漢字の「俺・奴」は使えない。「番人」も本当は「守護者」にしたいが、

さらに一字増える。こんなことにちまちま悩む字幕屋稼業が哀しい。

それはさておき、原作小説で「カインとアベル」は、もっと深い意味を持つ。個人的には、映画よりこっちがお薦めだ。

（二〇〇七年九月号）

# 空に架ける橋

「ガローテ garrote」という処刑器具がある。英和辞典を引くと、「（スペインを起源とする）鉄環絞首刑」などと書いてある。どんなものかイメージできますか？

絞首刑で、ロープの代わりに鉄製の環（輪）が使われる？　足元を外され、鉄の輪っかに首を絞められ、ぶらりと……。違います。気になる人は、スペイン映画『サルバドールの朝』（二〇〇七年公開）をご覧ください。

一般的な説明だけではピンとこないものをリアルにわからせるのも、映画や小説の力だ。もちろん、本物を実地に見聞するのが一番いいが、平穏な小世界で暮らす小市民が経験できることには限りがある。それを補ってくれるのが架空《フィクション》だ。

通常の事件報道では見えてこない被害者・加害者の心の動きや背景も、ドラマ仕立てにすれば感情移入できて少しは理解が深まる。さもないと我々は表層だけを見て、「あってはならないことです」などと空疎なコメントを垂れ流したり、「こんなやつはどんな目にあっても自業自得だ」と、さも自分が正義の側にいるかのごとく断罪しがちだ。

そうしたバッシングに走る人々は、単に日頃の個人的な憂さを晴らしているだけではないのか。それは本当に「義憤」なのか？

さて、『サルバドールの朝』は実話に基づいた架空だ。一九七〇年代のスペイン、フランコ独裁政権の末期に反体制運動に走った若者たちの物語。独裁打倒の理念はすばらしいのだが、「階級闘争への資金援助のために」と銀行強盗やら車泥棒やら、若気の至りにもほどがあるとツッコミたくなるような乱暴狼藉《ろうぜき》。それでも、彼らは実に生き生きと活動していて美しい。映画の前半はスタイリッシュな映像とコミカルな展開で爽快感すらある。嗚呼《ああ》、青春。

後半は一転、死刑を宣告されたサルバドールと、死刑を阻止しようとする家族や弁護士の重苦しい闘いが描かれる。

もちろん、サルバドールは思想的な理屈をほとんどこねない。それなりに教養ある青年だが、彼を行動に駆り立てたのは理念でなく、「この世の中、なんかおかしいぞ」という肌身で感じた違和だ。そして獄中でも訴え続ける。「僕は殉教者になんかなりたくない。もっと生きたい」。彼の魅力は、ここにある。

知恵や理論で武装するのもいいが、「なんか変だぞ」という感覚だけの素朴な異議申し立ても大切だろう。理屈より気持ちが人を動かすこともある。収監先の看守とサルバドールの交流が好例だ。

貧しい庶民を自認する看守は、最初サルバドールが気に入らない。「いいとこのお坊ちゃんが革命ごっこをしたあげくに、このざまだ」と露骨に軽蔑し、ここぞとばかりにいじめる（いつぞやのバッシングと似てますね）。

ところが毎日いっしょに過ごすうち、看守はサルバドールに惹《ひ》かれ始める。サルバドールが思想を説いたわけではないし、看守にとって反体制運動など愚の骨頂。けっして理解できるしろものではない。それなのに彼はサルバドールの処刑時、己の立場を顧みず独裁者フランコを激しく罵倒する。

史実に基づいた映画だが、現実の処刑時に、こうした場面が展開したかどうかはわからない。映像の細部はあくまで想像の産物だ。けれど、史実だけが並んだ無味乾燥な資料より訴えるものがある。それが架空の力だ。

「目を閉じて想像してごらん。いま僕らはどこにいる？」

米国行きをしぶる末の妹に、サルバドールはやさしく語りかける。

「空港、離陸……着いた。ひとっ飛びだ」

架空とは、空に架ける橋。おかしな所に導く危ない橋もあるので注意は必要だが、うつむいて自分の足元ばかり見ず、たまには空を仰ぐのもいい。ビルの谷間に美しい月が出ているかもしれない。

（二〇〇七年十月号）

# 横のものを縦にする

生来ずぼらなので住まいは散らかる一方だ。三週間前に資料として引っ張り出した本も床に転がったまま。拾い上げて書棚に戻せばいいだけなのに、それができない。そういうものぐさな生活態度を「横のものを縦にもしない」という。しかし仕事で横のものを縦にせざるを得ない事態に直面すると、そう安閑《あんかん》とはしていられない。

近年、映画の字幕は画面の底辺に横書きで出すのが主流だ。あえて縦書きにするときは、それなりの理由がある。たとえば非英語圏の映画で、すでに画面の底辺に英語字幕が入っている場合。国際映画祭などでよく見られる。海外から審査員を招くので、日本語字幕がついているだけではだめなのだ。この英日二種字幕方式は、日本語を母語としない住民が増えつつある昨今、一般公開でも検討されていいかもしれない。

ほかに、しっとりした文芸佳作だから昔ながらの縦書き字幕にしたい、という理由もある。どちらも最初から縦書きの原稿を書けばいいだけなので、とりあえず面倒はない。

困るのは、いったん横書きで作業を終えたのに、あとになって縦書きに変更する場合。

理由は上映館の構造にある。座席の傾斜があまりないと前の人の頭が邪魔になって画面下に出る字幕が読みづらいのだ。

どこで上映されるか事前にわかっていそうなものだが、それは全国一斉ロードショー級の大作だけ。映画を買い付けてきた時点では、「どこで上映するか」どころか、本当に上映できるのかどうかさえわからない作品がけっこうある。一刻も早く日本語字幕をつけて映画館を運営する人たちに見てもらい、上映する気になってもらわねばならない。

ロシア映画『この道は母へとつづく』（二〇〇七年公開）も、そんな作品のひとつだ。最初の翻訳依頼は二〇〇六年の年末。すでに年末休業に入っている字幕制作会社の警備員室あてに、事前に作業した分を宅配便で送り、年明けに翻訳開始。字幕チェック試写を終えたのは一月末だった。あとは請求書を送ってめでたしのはずが……。

脳みそも溶けそうな酷暑の八月初め、不吉なメールが届く。「あの作品の公開は渋谷のL館に決まりました」。

その先の文面は読まずともわかる。字幕を横書きから縦書きにリライトしてくれ、だ。

横のものを縦にすればいいだけの話ではない。床に転がった本を書棚に戻すのとはわけがちがう。

まず、改行位置を変えなければならない。横書きは文章の区切りのいいところで改行するが、縦書きはできるだけ一行目に詰めて書く。

もっと厄介《やっかい》なのは字数オーバーの問題。横書きは一行十四文字まで入るが、縦書きは一行十文字しか書けない。つまり、横書きで二行二十文字超になっている字幕は、そのまま縦書きにできないのだ。たとえば、こんなせりふ。

横書き：見つけたらここに連れて来い
　　　　院長には内緒だ

全部で二十文字。縦書きで収まりそうだが、文の間は一文字分あけなければならないのでアウト。そこでこうする。

縦書き：見つけたらここに連れ
　　　　て来い　院長に内緒で

六歳の少年ワーニャが孤児院を脱走して実母を探す物語。人身売買すれすれの養子ブローカーの実態もリアルに描かれている。

露文出身の私はロシア映画を翻訳するとき、いつも以上に燃えてしまうが、悩まされもする。雪原やどんより曇った空など、白っぽい画面が多くて字幕が読みづらいのだ。できるだけ黒っぽい部分に字幕位置を加減するのだが、一面の銀世界だと、もはや逃げ場がない。冬のロシア、恐るべし。

（二〇〇七年十一月号）

## そんなに急いでなにを言う

俳優や演出家の間では、味わい深い名台詞《めいぜりふ》ほど早口で言え、という演技メソッドでもあるのだろうか。字幕屋の被害妄想かもしれないが、どうもそんな気がしてしかたがない。

字幕は台詞の長さで字数が決まる。その目安が一秒＝四文字だ。早口になればなるほど制限字数は減り、台詞の内容は簡略化されていく。それでも名台詞くらいは、できるだけきちんと訳したい。それなのに……。

実際は逆なのだ。「待て、おいこら貴様、この野郎、何やってんだ」などというどうでもいい台詞は、たっぷり五秒ほどかけてしゃべるのに、作品のテーマにかかわる決め台詞は、さっと一秒か二秒で言いきってしまう。重要な台詞なんだから、もっとゆっくり、もったいつけてしゃべってほしい。

今回とり上げるのは、ゲームを原作とするアクション・サバイバル映画『バイオハザードⅢ』（二〇〇七年公開）。ヒットすると続編が続々出てくるおなじみのハリウッド商魂。

ご存じない方のために、物語をシリーズの最初から要約してみよう。

ある強力なウイルスが研究所内で漏れ、感染者がゾンビになる。ゾンビに噛《か》まれた者もゾンビになる。メインコンピュータ「レッド・クイーン」が毒ガスをまいて事態を収拾しようとするが、焼け石に水（シリーズ1／研究所編）。

増え続けたゾンビで街全体が廃墟《はいきょ》と化している。困った上層部は感染を食い止めるべく、核兵器で街を消滅させることを決定。人々は逃げ惑うが、街の出口は封鎖されている（シリーズ2／市街編）。

絶海の孤島じゃあるまいし、核兵器をぶち込んで感染が止まるはずはない。むしろ放射能汚染が心配だが、それには触れない。とにかく今度は世界中が廃墟と化している。わずかな生き残りたちは、ゾンビを警戒しつつ旅を続ける。一方、いつも無事な上層部の連中は、ちゃっかり地下施設を各地に造り、そこで安全に世を憂えている。ゾンビやクローンを使って世界平和研究にも余念がない（シリーズ3／全米編）。

以上、ヒロインやヒーローを完全に無視した要約だ。ファンに殴られそうだがあっさりまとめると、こうなる。大義を振りかざして暴虐の限りを尽くす上層部と、必死でサバイバルする名もなき庶民。それを支援する英雄たち（ま、これはお約束ですから）。

さて、本稿冒頭の「早口せりふ問題」に戻ろう。

『バイオハザードⅢ』の終盤、ヒロインのアリスは、シリーズ1で毒ガスをまいたコンピュータ「レッド・クイーン」の妹分「ホワイト・クイーン」と対峙《たいじ》する（紅白饅頭《まんじゅう》？）。「あんたの姉さんは人殺しだ」と糾弾するアリスに、ホワイト・クイーンは平然と言い放つ。「姉は人類存続のため論理的に動いただけよ」。アリスは苦笑し切り返す。

Yeah. Kill a few, save a lot.

直訳「そう、少数を殺して多数を救うってわけね」

なかなか印象深い台詞だ。シリーズ全体を貫くテーマのひとつとも言える。だったら、もっとゆっくりしゃべれ！

実際にはこの台詞、たった二秒しかない。つまり字幕は八文字以内。核となる「少数を殺して多数を救う」だけでも十一文字。ぴったりの四文字熟語がないかと、ない知恵を絞ったが浮かばない。少殺多救？　これでは偽中国語だ。観客が首をひねっている間に字幕は消える。そこで……*。

あとは映画を見てください。これがまたヒットしたら、次はたぶん東京が舞台だ。ラストシーンに中国か？　と思うようないいかげんな漢字表示がある。路面にはでかでかと「品川・芝浦」。世界に冠たる米国の人々にとって「極東」はいっしょくたらしい。

（二〇〇七年十二月号）

＊答えは「少数を犠牲にね」

# ロシアよりチャイをこめて

ロシア語でお茶は「チャイ」。主流は紅茶だ。濃いめにいれて好みで薄め、ジャムを添える。ついでに放射性物質ポロニウム２１０も少々。お茶うけには銘菓プーチン・プリンをどうぞ。

ほとんどホラーだが、半分は事実だ。ロシアの元諜報《ちょうほう》部員リトビネンコは、その毒入り紅茶で暗殺された。

「そんなことは国際的に禁止されてるはずだぞ」

「ここをどこだと思ってる？　よそでは禁止でも、ロシアじゃ何でもありなのさ」

これは別のロシア映画に出てくるせりふだが、それを聞いた登場人物たちも、翻訳中の私も、「ああ、そうだよな〜」と納得してしまった。こんなことでいいのだろうか。

それればかりではない。ドキュメンタリーは劇映画より奇なり。今回とりあげる『暗殺リトビネンコ事件《ケース》』（二〇〇七年公開）は、ぶっ飛び話てんこ盛りの驚愕《きょうがく》的ドキュメンタリーなのだ。

この作品は、身の危険を感じて英国へ亡命したリトビネンコに、ロシア人映像作家ネクラーソフがインタビューを申し込んだことから生まれた。暗く狭い室内で額を突き合わせるように相対し、緊迫の面持ちでさまざまな暴露話が語られる。だが、作品の結末が当人の暗殺になろうとは、二人とも考えてなかったろう。

インタビューを機にリトビネンコの親友となっていたネクラーソフ監督は、二〇〇六年十一月の暗殺事件後、自宅を荒らされるなど「脅し」を受けながら意地で作品を作り上げ、素早く二〇〇七年五月のカンヌ映画祭に持ち込んで緊急上映にこぎつける。それは世界に衝撃を与えた。

実際、ぶっ飛び話には事欠かない。

コロンビアの麻薬組織とのつながりや、サンクトペテルブルク市の貧困対策資金横領など、プーチン大統領にまつわる過去の疑惑あれこれ。

政権にとって不都合な人物の逮捕・投獄または暗殺。

チェチェン紛争でロシア軍の将校が、敵であるはずのチェチェン人ゲリラに武器を売っていたという兵士の証言。

何より戦慄《せんりつ》するのは、モスクワのアパート爆破や劇場占拠事件が、チェチェンに攻め込むための口実づくりだったのではないかという疑惑。つまり、「やらせテロ」だ。

もちろん、これらはすべて反体制側の主張であって、完璧に立証されたわけではない。ネクラーソフ監督自身、戸惑いつつ、こうつぶやく。

「頭では『十分にあり得る』と理解できるけど、心ではどうしても受け入れられない。いくら『国のため』とはいえ、なんの関わりもない多数の一般住民を犠牲にするなんて……」

私も正直、信じたくない。誰を、なにを信じるかは、見る者それぞれに委《ゆだ》ねられる。その点、映像は紙メディアより雄弁だ。語り手の表情・所作・口調が、その人となりを暴《あば》いていく。

当初はリトビネンコの「反乱」に同調したのに、いまは「あいつはただのクズだ」と言う元上司の、超スローなしゃべり方。言葉を慎重に選んでいるのだが、単語ひとつひとつの間があまりに長すぎて、字幕づくりに苦労した。

印象的だったのは、チェチェン紛争の闇を告発し続けた不屈のジャーナリスト、アンナ・ポリトコフスカヤの大らかなユーモアと美しいたたずまい。彼女もまた二〇〇六年十月、何者かに暗殺された。その命日がプーチンの誕生日と同じなのは、偶然だと思いたいが、強烈な皮肉である。

リトビネンコ暗殺の容疑者にも、監督はインタビューしている。ロシアではすっかり有名人だそうで、憎らしいほど余裕しゃくしゃくだ。ポロニウム210がいかに「安全な」放射性物質であるかを一席ぶったあと、しれっと言う。

「お茶いかが？」

「いいえ、結構！」

監督が慌てて断ったのは言うまでもない。

（二〇〇八年一月号）

## トミーは戦場へ帰った

Did you kill anybody?
「誰か殺した？」
I didn't stick around to find out.
It's war.
「確かめる暇なんかないさ
　戦争なんだ」

軍務を終えてイラクの戦場から帰還した青年トミーが、以前の勤め先を訪ねた時の会話だ。

戦場で地獄を見た彼は、平和な米国社会の無関心に苛立《いらだ》っている。聞かれることといったら、「人を撃ったか？　殺したのか？」という興味本位の質問ばかり。以前の勤め先が銃砲店のせいもあるのだが。

二〇〇一年の同時多発テロ後、米国はアフガニスタンをぶっ壊し、勢い余ってイラクもぶっつぶした。当初は米国民の多くがそれを支持した。けれど戦争が泥沼化するにつれ異論反論の声が大きくなっていることは、ご承知のとおり。ここ数年、映画でもそれが反映され始めている。

二〇〇六年制作の米国映画『勇者たちの戦場』（二〇〇八年公開）も、そのひとつだ。戦場でトラウマを負った兵士たちの、帰国後の「生きにくさ」が描かれる。

軍医は、反戦派の息子とぶつかり、妻の気遣いに苛立つ。戦場で右手を失った女性兵士は、恋人の優しさを受け入れられず孤立する。誤って民間のイラク人女性を射殺してしまった男も恋人とうまくいかず、たてこもり事件を起こしたあげく警官隊に射殺される。そして、前述の青年トミーも違和感を抱えて身悶《みもだ》えている。

イラクで体験した場面が繰り返しフラッシュバックで脳裏に甦《よみがえ》ることも、もとの生活にうまく馴染《なじ》めない原因らしい。

救いとして提示されるのは、「語ること」だ。公的なカウンセリング機関に赴く者もあれば、友人に戦場での体験を語ることで救いの端緒を見いだす者もある。そうやって一人一人が自分の身の置きどころをかろうじて見つけ、ハッピーエンドとはいかないまでも、少しだけ明るい方向に一歩を踏み出す。

いい映画だと思う。真摯《しんし》に現実を見つめた秀作といってもいい。登場人物それぞれの心の動きにも共感できる。けれども……。

映画を見終わってエンド・クレジットが流れるなか、なにかやりきれない思いが残った。こんなドラマにカンドーしてたまるか、という妙な反抗心すら湧く。腹の底に重くてモヤモヤした塊がうごめいている感じ。怒りというより、うしろめたさだろうか。

たとえばイラクの人々ならこう言うかもしれない。

「一方的に攻めてきて、我々の国をぐちゃぐちゃにしておきながら、故国に帰って安全な場所で、傷ついただの苦しいだのと勝手に苦悩されてもねえ。まったく、いい気なもんだぜ」

むろん一介の兵士たちを責めるのは酷だろう。彼らは帰国後、トラウマや周囲の無理解・無関心と闘っている。故郷も「戦場」なのだ。留まるも地獄、帰るも地獄。

実はこの映画の原題は「Home of the Brave（勇者たちの故郷《ホーム》）」という。邦題は『勇者たちの戦場』。

青年トミーは米国に身の置きどころを見いだせないまま、再入隊してイラクへ戻る。彼にあっては「戦場」と「ホーム（帰るべき場所）」が逆転してしまったかっこうだ。

映画のラスト、軍用トラックが砂ぼこりを巻き上げる現地の情景をバックに、マキャベリの言葉が浮かび上がる。「戦争はいつでも始められるが、思いどおりにはやめられない」。

この映画が放つ批判の矢に胸を刺し貫かれるべきなのは、利権と嫌悪だけで戦争を始めてしまった為政者たちと、無関心なまま安全地帯でのうのうと暮らしている我々なのだ。

（二〇〇八年二月号）

# 王様は魔物

This is not battle. This is slaughter.
「これは戦闘ではない　虐殺だ」

こうしたセリフに遭遇すると、監督や脚本家が現実への批判を込めたにちがいない、などと深読みする癖がついてしまった。もっとも、このセリフを言ったのは六世紀のデンマーク王、『ベオウルフ 呪われし勇者』（二〇〇七年公開）の主人公である。さすがに現代からは遥《はる》か遠い。

勇者ベオウルフは怪物の母子を退治した功績で王となるが、実は怪物の母と密約を交わしていた。

「私を退治するなんておやめなさい。それより私を抱いて子を授ければ、代わりに永遠の富と権力をあげましょう」と誘惑され、あっさり乗ってしまう。男ってバカだよなとも思うが、怪物の母役は色気全開のアンジェリーナ・ジョリー。フルヌードと見紛《みまが》う姿で彼女に迫られたら私だって落ちるかもしれない。

それはともかく、若き日に怪物と密約を交わしたベオウルフは、富と権力を享受して幾年月、映画の後半では老王となっている。もちろん外敵との戦いは連戦連勝。戦力がちがいすぎて話にならないのだ。そんな戦闘のひとつを高台から見下ろし、うんざりしたようにつぶやくのが冒頭のセリフである。

どうしても現実の某大国を想起してしまうが、任期少ない某大統領閣下はそんなセリフを吐いたりすまい。

遥か昔、六世紀の戦闘でさえ、力の差がありすぎれば虐殺となる。

「やあやあ、我こそは何とかの何べえである。いざ尋常に勝負せよ」などと言って生身ひとつで一騎打ちをやるならまだいい。だが万物の霊長を自認する人類は兵器開発に血道をあげ、驚くべき進化を遂げてきた。なんという無用な情熱だろう。そのわりに人間そのものは大して進化していないのだから、豚に真珠どころの騒ぎではない。もっと危険だ。

ここで自然と別のことわざが浮かぶが禁止用語が含まれているので書きにくい。ことわざも時代に合わせて新たに補充すべきかもしれない。

「コアラにバズーカ砲」

「タコにカラシニコフ」

以前、米国の南北戦争（十九世紀）を扱った映画で凄惨《せいさん》な戦闘場面があった。字幕の担当者は「昔の戦争って残虐ですね」と眉間《みけん》にシワをよせてつぶやいたが、そうだろうか。確かに生身の人間が直接ぶつかり合って血しぶきをあげているので残虐にはちがいない。しかし……。

現代の戦闘のほうが、よほど残虐に思える。ハイテク兵器で自分の手を汚すことなく、ただボタンを押し「清潔に」敵を一掃。目の前で血しぶきが舞えば、どんな冷血漢でも少しは粛然《しゆくぜん》としようが、今や映像で効率よく戦果を確認するのみ。これが残虐でなくて何だろう。

自分の指一本で打ち込んだハイテク兵器がどんな阿鼻叫喚《あびきようかん》地獄をもたらしているか想像して悩む者もいるのだろうが、あまり多いとは思えない。人間性の進化どころか劣化だ。

ここでまたベオウルフに戻る。「これは戦闘ではない　虐殺だ」とぼやく老王に、腹心が励まして言う。

You are the monster slayer.
「あなたは怪物退治者ですよ」

つまり、「あんたは英雄なんだから、堂々としてなさい」というわけだ。すると老王いわく、

「今や　われわれ人間が怪物だ」
We men are the monster now.

その後、老王ベオウルフは民のために火竜と戦って命を落とす。ヒロイックな最期でめでたし……のはずが、またも「怪物の母」アンジェリーナがぬっと現れ、新王をなまめかしく見つめる。

浅ましい人間性につけこむ誘惑は際限がないということか。

（二〇〇八年三月号）

## 踊る大操作字幕

チョームカックなどという言葉がはやる以前、「超訳」と銘打つ翻訳小説が話題を呼んだ。わかりやすさを追求し、原文をばっさり削除したり前後を入れ替えたり、大胆な意訳をしたものをいう。

これは映画字幕にも共通する手法だ。ただ字幕屋の場合、本当は原文に忠実に訳したいのに字数制限の関係で渋々「大胆な意訳」をしているのであって、いくぶんその心根は異なる。

いずれにしても、わかりやすく改変された翻訳小説を素直に読む人は、いちいち原文にあたったりしないだろうし、映画のごくふつうの観客も、字幕と原語を細かく対照したりはしない。しかし、スクリーンに「超訳的英語字幕」と「原文尊重の日本語字幕」が両方いっぺんに出てしまったら……。

こんな悪夢は初めてだった。それが今回とり上げるロシア映画『ウォッチ』シリーズである（『ナイト・ウォッチ』二〇〇六年公開、『デイ・ウォッチ』二〇〇八年公開）。

原作小説はロシアでベストセラーとなり、映画も空前の大ヒットを記録した。ロシア映画といえば古典『戦艦ポチョムキン』とか、タルコフスキーやソクーロフの難解系をイメージする向きには仰天ものの、ロックでポップなSFファンタジー。まずは、あらすじをどうぞ。

古代から超能力者たちは「光」と「闇」に分かれ敵対してきた。彼らは、ふつうの人間と区別して「異種」と呼ばれる。あるとき、光と闇の壮絶な戦闘があり、このままでは世界が滅びてしまうと悟った両首領は休戦協定を結ぶ。互いに監視し合って世界の均衡を保とう、と。いわば異種たちによる世界安保システムだ。「闇の異種」が悪さをしないよう見張るのが「ナイト・ウォッチ（夜の番人）」。「光の異種」が図に乗らないよう見張るのが「デイ・ウォッチ（昼の番人）」。

だが二〇世紀末、その均衡が揺らぎ、世界は滅亡の危機に瀕《ひん》する。

作り手は国内で大ヒットした勢いを駆って世界への発信を目論《もくろ》んだ。幸い米国の大手配給会社も興味を示している。ロシア語作品だが、英語字幕をつければ売れるはず。よっしゃ、いてまえー！

こうして空前絶後の凝りに凝った字幕が誕生した。ふつうは出来上がった映画フィルムに後からレーザーで文字を刻むだけなのだが、『ウォッチ』シリーズの字幕は、映像表現のひとつとして最初から組み込まれている。スタッフ&キャストのクレジットと同じ扱いなのだ。つまり文字を操作して、いろいろと手の込んだ遊びができる。

遠くから響いてくる声の字幕は、煙のようにふわっと拡散しながら消えていく。太鼓をたたきながら話す場面では、太鼓のリズムに合わせて字幕がぴょんぴょん跳ねる。血という言葉が出てくると、その単語bloodの文字が赤く染まる。その他いろいろ。

ロシア人にこんなサービス精神があったとは(偏見?)と感動したが、いささかサービスが過ぎる。文字で遊ぶだけでなく、「外国の人たちにわかりやすいように」と、随所で超訳をやってくれているのだ。たとえば……。

ロシア語原文　「異種は光か闇かを選ばなければならない」
日本語字幕　「異種は光か闇かを選ぶ」
英語字幕　「君は異界に入ったんだ　異種だけが入れる所だ」

英語字幕だけ内容が違いすぎる。確かに、この直前のセリフは「なぜこんなに暗いんだ」なので、英語字幕のほうが受け答えとして自然なのだが……。

シリーズのパート２『デイ・ウォッチ』では超訳英語の度合いが増していて、頭を抱えた。しかも後日、ＤＶＤの吹き替え版は英語をもとにして翻訳したと聞かされ、念仏を唱えたくなった。

ＤＶＤはパート１・２ともに、日本公開版より数十分長いロシア国内版も発売される。そのパート１『ナイト・ウォッチ』には新顔の主要人物まで登場し、追加翻訳作業は混乱を極め、字幕屋はヤケくそでナイト・ウォッカをあおった。

（二〇〇八年四月号）

## 欲望という名の電子

We are the murder weapon.

「我々が凶器です」

いきなり物騒な文句で始めてしまったが、これがＦＢＩ（連邦捜査局）による記者会見での言葉となれば、いよいよ不穏だ。

米国映画『ブラックサイト』（二〇〇八年公開）に出てくるセリフである。あえてジャンル分けするならサイバー・クライム・サスペンスだろうか。きちんとした日本語で書け？では、電脳犯罪ハラハラ映画とでも。ただし、コメディではない。

あるときインターネット上に殺人を生中継するサイトが現れ、犯人はネット社会をあざ笑うかのようなルールを提示する。「サイトへのアクセス数が増えれば増えるほど犠牲者の死が早まる」というのだ。

最初の犠牲者は、浅い切り傷を負った状態で抗凝固剤を点滴される。つまり血が固まらず、出血が止まらない。アクセス数が増すごとに、薬剤の投与量も増す仕掛けで、犠牲者はほどなく絶命する。

第二の殺人生中継が始まったとき、ＦＢＩの担当課長は記者会見を開いて一般市民に訴える。「どうかアクセスしないでください。それは殺人の共犯となります。われわれが凶器です」と。

しかし（言いたくはないが）予想どおり、その記者会見のテレビ中継を契機にアクセス数は飛躍的に増え、犠牲者はあっという間に絶命する。

こうしたサイバー犯罪を専門とするＦＢＩ捜査官の一人がつぶやくセリフが印象的だ。「誰も悪いことをしたなんて思ってない。ただ好奇心でサイトを見ただけ」

悪気も罪悪感もない、無邪気で名もなき共犯者たちの群れ……。

好奇心旺盛にいろんなことを見たり聞いたりするのは、悪いことではないはずだ。見聞《けんぶん》したことを自分なりに咀嚼《そしゃく》し消化し血肉とするならば、だが。

けれども実態は、見聞というより「のぞき」に近い。他者の痛みや苦悩には無関心なま、刺激だけを求めて、全身これ目玉と化したデバガメ状態。いや、夜の公園でカップルの痴態をのぞき見る真性デバガメのほうが、現場に生身をさらしているぶん、まだましだろう。

われわれ匿名の「のぞき屋」たちは、エアコンの効いた快適な部屋に寝そべりポテトチップスなどほおばりながら、ぶよぶよと脂肪のついた腹の中で無意識に言い訳をしている。「なんかコワいし、かわいそうだけどさ、あたしのせいじゃないよね。だって見てるだけだもん」。

これだけでも充分に罪深い気がするのだが、ネット社会はそれに留《とど》まらない。格好の話題ゲット！　と高揚して、ご親切にもあちこちへ発信する。「マジすげーのやってるよ。ここ、見てみ」。人の痛みや生死が、「マジすげーの」という、あまりに軽い言葉で広く流通してしまう恐ろしさ。

映画『ブラックサイト』の犯人は、初めのうち愉快犯かと思われたが、ちがっていた。彼自身が、名もなき無邪気な大衆の「まなざし」にネット上でズタズタにされた被害者だったのだ。

彼は、第四の犠牲者をネットで映し出しながら、怒りと皮肉を込めて言う。

Millions of eyes watching the same thing at the same time. One big happy family.

「同じものを同時に見つめる数百万の目。幸せな大家族だぜ」

インターネットそれ自体が悪なのではない。見ず知らずの人から深い慰めを得ることもあれば、権力がひた隠しにする暴虐を告発することもできる。要は、一人ひとりの心根次第だろう。人の本性は悪というより、愚かでうかつなだけなのではないか。欲望のまま突っ走れば事故を招く。電子は急に止まれない。その前に一呼吸。皮肉ではない本物の「幸せな大家族」のために。

（二〇〇八年五月号）

## どこでもロシア

ドラえもんの「どこでもドア」はとても便利だ。目的地を言うか念ずるかするだけで、ドアを開けるとそこは目的地。それと同じように、「どこでも母語」があったらいいな、と夢想する。腕時計くらいの小さな装置で、どんな外国語圏に行っても言葉が通じてしまう。きっと普及するし、はやりものには常に略称がつくので先に命名しておく。「ドコボ」。

旧約聖書では、人間が「天にも届くほど高く」とバベルの塔の建設を始め、その傲慢さに神が怒って互いの言葉を通じなくさせた、ということになっている。神も短気なことをしてくれたものだ。

現在の翻訳ソフトはまだまだ発展途上だが、いつの日にか誰も外国語で苦労しない時代が来ればいい。日本で老若男女が英語学習に費やす時間とエネルギーの総量は、天文学的ではないだろうか。その労力をほかのことに回せれば、もっと有為なことができそうだ。実にもったいない。

英語を世界共通語とする風潮は今に始まったことではない。むしろ映画の世界では、ひと昔前のほうがひどかった。たとえば米国の戦争映画に出てくるドイツ兵は、みんな英語をしゃべっていた。話す相手が英米兵ならともかく、ドイツ兵同士が英語をしゃべっているのだ。ありえねー！　作り手もそう思ったのか、申し訳程度にその英語をドイツ訛《なま》りにしていたり……。自分たちが世界の中心だと自惚《うぬぼ》れている連中のやりそうなことだ。

そう思っていたら、強国に復権しつつあるロシアの映画でも同じことが起きていて仰天。それが今回とり上げる『ラフマニノフ　ある愛の調べ』（二〇〇八年公開）である。ロシアの作曲家・ピアニストの伝記映画だ。

二十世紀初め、主人公はロシア革命を逃れて米国に活動の拠点を移す。すると米国なのにロシア語ですべて通じてしまう。これぞシネマ・マジック。あこがれの「どこでも母語」だ。ロシア人同士がロシア語で話すのはかまわないが……。

まず冒頭、ニューヨークのカーネギーホールで彼が聴衆にロシア語で語りかけると、通訳など介在しないのに聴衆はみんな彼の言葉を理解する。

こんなのは序の口だ。ピアノ製作者のスタインウェイも、黒人バーテンダーも街角の花屋さんも、みんなロシア語をしゃべっている！

むろん映画はフィクションで、厳密な伝記ではない。年代も人間関係も史実とはいくぶん異なる。そもそも、台本のト書きやセリフに「ラフマニノフ」という姓すら一切ない。「フェージャ」と呼ばれる友人が出てくるが、彼がかのシャリャーピンだとわかる人は稀《まれ》だろう。

ロシア人名はややこしい。重厚長大なロシア文学を読み通せない元凶のひとつにも挙げられている。ロシア人のフルネームは「名・父称（父の名にヴィチやヴナをつけたもの）・姓」の三つから成る。親しい間柄なら名で呼べばいいが、問題は敬称だ。日本語では「姓＋さん」、英語では「ミスターなど＋姓」だが、ロシア語の場合、「名＋父称」となる。慣れないと単なる呼び捨てにしか思えない。もっと困るのは、父称を姓と勘違いされること。たとえば作中、チャイコフスキーの話題が出てくる。主人公の演奏を聴かせようと恩師が夕食に招待したのだ。恩師は言う、「ピョートル・ペトローヴィチを招待したから頑張って練習しろ」。

このままではだれのことかわからない。字幕は「チャイコフスキーさんを招待した」とすべきだ。ところがロシア人名について知らないと、「ペトローヴィチさんを招待した」になってしまう。

同業者には機会あるごとに余計なお世話でロシア語レクチャーをしているが、あまり浸透しない。ほかの言語圏、たとえばアラブ映画などで「こんな人名表記は全然ちがーうっ！」と、憤懣《ふんまん》やるかたない人もいるはず。字幕屋はたいてい英訳をもとに翻訳しているので、英語の表記や発音に引きずられてしまうのだ。その筋の人はどしどし異議を唱えてほしい。「どこでも英語」から脱却しよう。

（二〇〇八年六月号）

# やりたい邦題

外国映画の邦題は、いろんな意味で厄介だ。いわば商品名なので、お客さんに「見てみようかな」と思わせる、インパクトのあるものでなければならない。ありきたりでもいけないが、ひねりすぎてわけのわからないものや、カッコつけすぎてクサいのもいけない。

これは日本映画だが、成瀬巳喜男《なるせみきお》監督の作品名は妙に好きだ。『おかあさん』『驟雨《しゅうう》』『流れる』。なにより心奪われたのは『めし』。どうです、このシンプルにして迫力ある題名（『おかあさん』以外は原作と同じ）。有無を言わさぬ「めし」！　ふりかけなんてこじゃれたものはいらねえ、めしだ、めし。ここまで盛り上がるのは私だけだろうか。

外国映画に話を戻そう。

困ることのひとつに、「なんであんな変な邦題をつけたんだ」と責められるというのがある。これは濡《ぬ》れ衣《ぎぬ》だ。字幕屋は邦題にかかわっていない。シリーズ物を除き、字幕翻訳の段階で邦題はまだ決まっていないので、業務連絡もすべて原題でおこなう。とはいえ、いちいち原題をアルファベットで打つのは面倒なので、勝手に直訳したり簡略化したり、時にはふざけて内輪の邦題を確立してしまうこともある。二〇〇五年の『イカとクジラ』は、原題そのままの直訳邦題だが、業務連絡ではなぜか「イカタコ」になっていた。

ふつう字幕屋は邦題を知らないまま仕事を終え、その数か月後、世間で宣伝が始まってやっと邦題を知る。たいていは「あれだな」とわかるが、劇場公開されたことに気づかぬまま幾年月ということもある。

今に始まったことではないが、「独自の邦題を考えず、原題そのままをカタカナ表記するのは風情がない」と、不満を抱く方々も多いのではないだろうか。同感だが、これには事情があるし、一長一短もある。

まず配給会社が外資系の場合、米国の親会社から「勝手に題名をつけるな。原題そのままでいけ」という命令が下ることがあるらしい。同じローマ字アルファベット圏ならそれでもいいかもしれないが、文字も発音も異なる日本ではどだい無理のある話だ。「ライト」の一語も、「軽い・光（light）」なのか「権利・正しい・右（right）」なのかわからない。

さらに、原題カタカナ書きではやたらと長くなりがちだ。最近では『チャーリー・ウィルソンズ・ウォー』。新聞の狭い上映スケジュール欄に収まりにくい。それに、別の映画の中で主人公が「昨日、チャーリー・ウィルソンズ・ウォーを見たよ」なんてセリフを言ったらどうなるのか。題名だけで十四文字も取られては、字数制限の厳しい字幕はお手上げである。

とはいえ、原題そのままがありがたいこともある。今はインターネットを使えば、たいていの映画は簡単に調べられるが、一昔前までは、あまり有名でない作品名に遭遇すると、それが日本公開されて邦題があるのか否か、確認をとるのは大変だった。今でも、原題そのままのほうが、外国の人と映画談義をしやすいかもしれない。

もうひとつ、カタカナ邦題には落とし穴がある。一見、原題そのままと思わせて、実はちがう場合だ。たとえば二〇〇七年のホラー映画『モーテル』。

離婚寸前の冷め切った夫婦が車で夜道を走っている。渋滞を避けようと脇道に入ったせいで道に迷い、車はエンコし、しかたなく山間の怪しげなモーテルに一泊することになる。だが、そこは猟奇殺人者たちの巣窟で……という話。

この『モーテル』という邦題は、いかにもそのまんまで、原題も「Motel」だろうと思ってしまうが、さにあらず。原題は「Vacancy（空室）」なのだ。

この作品では、珍しく「なにかいい邦題はありませんかね」と意見を求められたので、

『着信アリ』の向こうを張って『空室アリ』を提案したが、採用されなかった。邦題は厄介だ。

（二〇〇八年七月号）

# 三人寄ればもんじゃの知恵

広島県出身なので、もんじゃ焼きよりお好み焼きのほうが好きだ……という話ではない。よりよい映画字幕をつくるための夢のプランである。

先日、東海映画英語フェスティバルという催しに招かれて名古屋に行った。まず『スクール・オブ・ロック』を上映し、そのあと字幕ワークショップと称して字幕づくりを体験してもらった。参加者には映画のごく一部分のセリフを英文で配布。

二〇〇三年の米国映画『スクール・オブ・ロック』は、近年わたしが字幕を手がけた中では好きな作品のひとつだ。痛快で元気が出る。あらすじを少々。

三十歳過ぎてもロック一筋の破天荒男デューイ。金に困ったあげく、親友の名をかたって有名私立小学校の臨時教員になる。最初はまるでやる気のない偽先生だったのだが、クラスの子どもたちの音楽的才能に目をつけ、ロックバンド結成を目論《もくろ》む。これでコンテストに出れば一攫千金《いっかくせんきん》、一石二鳥！　子どもたちをそそのかし、その気にさせて……。

字幕ワークショップで取り上げたのは、このあたりだ。ピアノがうまいのでバンドのキーボード奏者に抜擢《ばってき》した少年が、「やっぱり僕はやめます」と言ってくる。理由は――。

I'm not cool enough. People in bands are cool. I'm not cool.

「僕あまりかっこよくないから。バンドの人たちってかっこいいでしょ。僕はかっこよくない。」

右の直訳は三十九字ある。しゃべっている時間は三秒強。従って字幕は十三字以内に収めなければならない。ただ最初と最後にほぼ同じことを言っているので、字数制限としてはそれほど難しくない。むしろ「クール cool」をどう訳すかが問われる。私の字幕は「イケてないから不向きです」だった。

さあ、あなたならこれをどう訳しますか、といきなり問いかけても参加者からそうそう発言はないだろう、と高をくくっていた。ところが意外にも出るわ出るわ、名訳のオンパレード。主催が映画英語教育学会だけのことはある。

参加者の案をいくつか挙げよう。「他の人ほどイケてないので」。イケてないを言い換えて「僕はダサいから無理です」。あるいは、そもそもまじめな少年が「イケてない」などという言葉は使わないのではないか、というオオタ字幕への批判を込めた案、「僕はかっこよくないので」。

ううむ、すばらしい。ほかにもいくつかのセリフについて問いかけたが、そのどれについてもおもしろい字幕案が飛び出した。かくて字幕屋はうれしさのあまり、理想的な字幕をつくるための斬新なシステムを夢想したのだった。

昔から映画字幕は一作品を一人の翻訳者がすべてやっている。配給会社の担当者とは話し合うが、どうしても翻訳者の思い込みで突っ走りがちだ。常に締め切りに追われているので、ひとつのセリフに何時間もかけるわけにはいかない。何時間どころか、数分数秒の勝負になる。その限られた時間内で思いつく語彙《ごい》には限界がある。

しかし、そこに複数の人間が参加すれば、思いもかけない絶妙な言葉が誰かから出てくるかもしれない。そうして出された様々な案を選《え》りすぐってまとめ上げれば、珠玉の字幕が出来るのではないだろうか。三人寄れば文殊《もんじゅ》の知恵。文殊でなくとも、もんじゃでいい。素朴でバリエーション豊富な庶民の味だ。みんなでわいわい言いながらつくる楽しさもある。味さえなじめば素材は何でもあり。何が飛び出すかわからない。

そんなふうに字幕をつくれたらおもしろいだろうなと、帰りの新幹線の中でしばし幸せな夢想にふけった。実際には、予算や時間の制約があるので難しいだろうが、たまにはそういう破天荒な企画があっていい。名づけて「字幕祭り」。笛や太鼓も賑《にぎ》やかに……おっと電話だ。「原稿はまだか」。現実は厳しい。

（二〇〇八年八月号）

# 目には目を　けれど心も

一九五一年、ある陰鬱《いんうつ》な刑務所で電気椅子による死刑執行があった。処刑された凶悪犯二人を逮捕した刑事も立ち会っていた。うきうきと軽口をたたく上司とは対照的に、手柄を立てた当のロビンソン刑事はうつうつと暗い。相棒が慰めるように言う。

An eye for an eye, right?
「目には目をだ」
They don't enough eyes and teeth to pay for what they did.
「やったことを思えば目と歯の全部でも足りん」

米国映画『ロンリーハート』（二〇〇六年製作）は、実話に基づくクライム・サスペンスだ。トッド・ロビンソン監督はロビンソン刑事の孫にあたるらしい。それはこんな物語である。

新聞の「交際相手求む」欄（ロンリーハート・クラブ）を利用して結婚詐欺に励む男レイモンド。その腕前は軽快で鮮やかだった。だが、あるとき運命の女マーサと出会ってコンビを組むことになり事態は暗転する。マーサの異様な愛情と執着心があだとなり、詐欺行為は自殺を誘発、さらに陰惨な殺人へとエスカレートしていく。

一方、昔は敏腕だったが妻の自殺でやる気を失っていたロビンソン刑事は、被害女性の自殺に犯罪性を嗅ぎ取り、長年の相棒と捜査に乗り出す。

実話ということもあるのだろう。単なる娯楽サスペンスや勧善懲悪のおめでたい話ではない。随所で深く重く暗く問いかけてくる。詐欺師コンビと刑事コンビの双方が複雑な人生を抱えていて、一時間五十分弱の映画としてはいささか詰め込みすぎかと思える重量感だ。

まず中年刑事コンビの無常観が色濃い。「いくら俺たちが頑張っても世の中から犯罪がなくなるわけじゃなし。でもまあ、やるべき仕事をきっちりやるまでだ」という悩ましげなプロ根性。

詐欺師コンビの愛憎劇もすさまじい。絶対的な愛を求めるマーサ。その激情に恐れをなしながら深みにはまっていくレイモンド。二人の異常な犯罪は、暗い過去と深い孤独に引き裂かれたマーサの性格によるところが大きい。

　こうした言い方をするときまって、「同じような境遇にあってもしっかり生きている人はたくさんいるではないか」という反論が出てくる。まったくそのとおり。なにもまちがっていない。圧倒的に正しい。しかし、だからといって「こいつは許せん、人間じゃない、異常だ」と、ただ糾弾するだけで終わっていいのだろうか。異常な犯罪と呼ばれる事件が起こるたびに、そう思う。

　ごうごうたる非難の嵐の中で同じような非難の声をあげるのは簡単だ。同意見の人ばかりのなかで安全にうなずき合っていればいいのだから。けれど、その犯人がなぜそういう人間になってしまったのかを、想像力を駆使して考えてみることも必要なのではないか。同情しろとか擁護しろと言っているのではない。犯した罪は厳正に裁かれなければならない。

　ただ、犯人もおぎゃあと生まれ落ちた瞬間から悪党だったわけではあるまい。生きているうちにいつの間にかそうなってしまった。その生きてきた過程がどんなものだったのかを考えず、「こいつは危ないから排除」というだけでは、今後も同じような人間が出てきて同じことが繰り返されるのではないだろうか。繰り返されるばかりではない。危険人物排除の方針だけで世の中が進めば、かえって犯罪は増えていきそうな気がする。

取り調べ室でも挑戦的な態度を変えないマーサに、ロビンソン刑事は言う。

「せめて何があったのか、なぜそうなったのかを正直に語れ。何も知らされないままでは、遺族は先に進めない」

処刑だけではだめなのだ。目を背けず包み隠さず、ありのままの事実を大切にしたい。考えるためには正真の素材が必要だ。ただし、「やあねえ」と、うなずき合うためだけの暴露話はいらない。


（二〇〇八年九月号）

## かたおもい

現実がグロテスクなホラーに満ちているせいか、ホラー映画を怖いと思ったことはあまりない。まあ、翻訳者がいちいち真剣に怖がっていたら仕事にならないし、作業の全工程(二〜三週間)で七度くらい繰り返し見るので、お化け屋敷的な怖さには耐性がついてしまう。何度見てもぞっとするのは、もっと別種の映画だ。

今回ご紹介するのは、悲しい恋の純正ホラー『シャッター』(二〇〇八年公開)。原題も同じで、カメラのシャッターのこと。二〇〇四年のタイ映画『心霊写真』のリメイクだ。主な舞台は東京なので日本人俳優も出てくる。幽霊役に奥菜恵《おきなめぐみ》、その母に宮崎美子《みやざきよしこ》、霊媒師に山本圭《やまもとけい》、とくれば湿度の高い日本的怪談を期待してしまう。草木も眠る丑《うし》三つ時、どこからともなく生ぬるい風が……、ひゅ〜どろどろ。

カメラマンのベンは仕事を兼ねた新婚旅行で新妻ジェーンとともに日本へ向かう。「オー、フジヤーマ、ビューティフル!」などと盛り上がったのち、夜の山道を車で貸別荘へ……みなまで書くまい。

車、男女ペア、人里離れた夜道、道に迷って何かに遭遇し急ブレーキまたはエンコ、それを機に異変発生。これはホラーの定石なのか、ここ数年だけで同じようなシーンを四〜五回は見た。

とにかく新婚ペアの車は急停止し、その後ベンは体に痛みを覚える。

I think I tweaked something back there.

「なんだか back をひねったみたいだ」

逐語訳しづらい文だ。あえて書くなら「そこの後ろの何かをひねったと思う」か？　こんなものは日本語ではない。彼が言わんとすることは何なのか。こういうとき映画は、文章しか手がかりのない小説より便利だ。映像をよく見れば答えは得られるのだから。ベンはこのセリフを言いながら首筋をなでている。どうやら車の急停止による軽い鞭打《むちう》ち症らしい。

英和辞書で「back」を引くと「背」などと出てくる。「肩が凝った」とか「腰が痛い」という身体にまつわる表現は、日常的であるがゆえにかえって各言語で差が出やすい。実際、ベンは背中が痛いのではない。首筋から肩にかけてがつらいのだ。それは動作を見ればわかる。そこで辞書をよく見るとこうある。「back = neck（首）から buttocks（尻）まで」。つまり英語では、頭と手足を除いた胴体の背面すべてを back と言うわけだ。

異文化ギャップなどという大層な表現を使うほどでもないだろうが、この映画ではもうひとつ厄介なことがあった。

首の痛みに耐えかねたベンが東京のどこかの病院に行くと、体重を計られる。これ自体すでに「おや」と首を傾げる。首が痛くて受診した先で体重測定？　検診と混同してないか？　それはともかくベンの体重が非常識に重いので看護師は困惑し「もう一度のってください」などと言う。ベンの体に幽霊がとりついていることを示唆するシーン。要するに幽霊一人分、重いというわけ。

ところがさらに厄介なことに、その体重計の単位はポンドなのだ。アナログの針がさしている数値は二八〇。これでは日本の観客は感覚的にどのくらい重いのかわからない。なんで日本の病院にポンド計があるんだ！　配給会社の担当者と字幕屋はシミュレーションルームで頭を抱えた。しかし立ち直りの早い担当者Jは的確に指示を飛ばした。「この二八〇をポンドをキロに換算して字幕で出しといてね」。一ポンドは〇・四五三キロ。カタカタと電卓が軽やかに鳴り、チーン、はい一二七キロです。これを字幕で出しときます。

ただ悲しいことに体重計の映像はわずか一秒。字幕に気づく観客はあまりいないだろう。

恋に破れた女が幽霊となってベンの肩に乗っていたのだ。肩が凝るのも道理である。これぞ究極の「かたおもい」。映画のラストでそうと知ったベンは、どうにかして彼女を振り捨てようともがき、思いあまって……。うわぁ――！　みなまで書くまい。

（二〇〇八年十月号）

# 落ちても落ちても

『落下の王国』（二〇〇八年公開）というだけあって、やたらと落ちる。けれど落ちたままではいない。一人ひとりは愚かで弱くとも、他者と接することで再び浮かび上がる。人間は落ち込んだまま水底で腐ってしまうほどヤワではない。

舞台は一九一五年のロサンゼルス。映画スタントマンの青年ロイは、列車から馬に飛び移るスタントに失敗し、鉄橋から川へ落ちて足を複雑骨折。ついでに失恋して奈落の底へも落ち、病院のベッドで身動きならぬまま死を願う。そこへひらひらと落ちてきたのが、文法も綴《つづ》りもおかしな手紙。りんごの木から落っこちて腕を骨折した五歳の少女アレクサンドリアが、大好きな看護師さんあてに書いて窓から投げたものだった。

手紙の回収に来た少女を、ロイは「おもしろいお話をしてあげるよ」と誘惑する。手なずけて薬品室から自殺用のモルヒネを持ってこさせようという魂胆だ。かくて行き当たりばったりの「お話」が始まった。十三の世界遺産を含む世界中の絶景を舞台に、メタフィクションが展開する。これが息をのむほど美しい。石岡瑛子《いしおかえいこ》担当の艶やかな衣装とともに、映画館の大スクリーンで必見！

ロイの「お話」は愛と復讐《ふくしゅう》の大河ドラマだった。愛するものを踏みにじられた男六人が復讐を誓って暴君の牙城へ向かう。少女はうきうきと聞き入るが、なにしろ死にたい男がでっち上げる話なので、どうしても悲劇的要素が濃くなる。そこで少女がしょっちゅう口を挟むことになり、物語は迷走する。

数日後、お話は佳境に入り、そろそろいいだろうと考えたロイは、少女にモルヒネ調達を指示する。「この薬をこっそり持ってきてくれたら、お話の結末を教えてあげるからね」と。少女は薬品室に忍び込み、上の棚にある薬瓶を取ろうとしてイスから落っこちる。病院は大騒動となり、ロイの計略も発覚する。


少女が目覚めるとロイが傍らに付き添っていた。「また落っこちちゃった」という少女に、「実は君をそそのかすためのお話だったんだ」と告白するロイ。それでも結末をねだる少女にロイは言う。「もうほかの誰かに話してもらえ。どうせ僕のはハッピーエンドにはならないんだから」。しかし少女は納得しない。根負けしたロイは結末を話し始めるが、ますます悲劇的要素が強くなって、登場人物はばたばた死んでいく。少女はたまらず抗議する。「なんで殺すの？　なんでみんな死んじゃうの？　こんなお話きらい！」

ロイ：It's my story.
　　僕のお話だ
少女：Mine, too.
　　私のでもあるわ

この少女のセリフに字幕屋は、はたと困った。わずか一秒なのだ。これまでも何度か書いたが、字幕は一秒＝四字が原則。ここも四字以内で表現しなければならない。右の直訳は七字。末尾の「わ」を削除しても六字。まだ多い。しかし名案は浮かばず、初稿は「too」の意味合いを無視して「私のよ」とした。すると配給会社の人から代案が来た。「二人のよ」。すばらしい！　どうしてこれを思いつかなかったのか、字幕屋不覚。

こういうことがよくある。字幕は基本的に一人で翻訳するが、どうしても思い込みにとらわれやすい。自分ではうまく表現できたつもりでも、他人にはわかりづらいこともある。そう、一人より二人。他者の言葉が新しい風を送り込んでくれる。

ロイの悲劇も、少女のツッコミで時に喜劇となり、最後は自殺願望を吹き飛ばす希望の物語に変貌した。もちろん少女はロイを救うつもりなどなく、「こんなのおかしい。あたしはやだ」とダダをこねただけなのだが……。
他者の言葉に耳を傾け、周りに少しでも目を向けさえすれば、救いは身近に転がってい
るのかもしれない。

（二〇〇八年十一月号）

# 独りで泣け

幾度となく見返したくなるような、とてもいい作品に出合うと、エッセイで取り上げたくなる。だがいざ書こうとしてハタと困る。「ここが見どころ！」という明確なセールスポイントがないのだ。これは、「彼のどこが気に入ったのですか」という婚約会見の質問に似ている。実際、愚問である。本当のところをズバリ即答できる者がいるだろうか。相手を本気で好きであればあるほど答えに窮す。「ぜんぶ」とでも言うか。あるいは、「だって好きなんだもん」？　答えになっていない。

『ラウンド・ミッドナイト』（米・仏、一九八六年公開）もそんな映画だ。

一九五九年、ニューヨークからパリにやってきた初老のテナー・サックス奏者デイルは、ジャズクラブで連夜のライブ。腕は衰えていないが酒癖が悪いので、周りは目が離せない。あるときから、彼に心酔するフランス人青年が物心両面で支え始める。この二人の深い交流が物語の主軸だ。

デイルを演じるデクスター・ゴードンの存在感が圧倒的！　彼は本物の一流ジャズマン

で、俳優としてはずぶの素人なのだが、それゆえに音楽を語る言葉は深い。演技というより「素《す》」に近いのだろう。でかい図体でよたよた歩き、さりげなく酒をねだる姿はちゃめっけさえ漂う。

酔いつぶれては病院の厄介になるデイルに、青年は深夜ひっそりと涙を流す。それに気づいたデイルは翌朝宣言する。「もうやめる。約束する」。むろん青年は信じない。「どうやって？　これまで一度もやめられなかったじゃないか」。それへの返答がふるっている。

I never promised anybody before.
「これまで誰とも約束しなかった」

彼は約束を守り、心なしかしゃっきりとして再び作曲にも取り組む。一人でカフェに入っても注文はオレンジジュース。青年は心配であとをつけていたのだ。信じろよ、こら。

映画は青年の回想という体裁をとっているように見えるが、はっきりしない。時系列もあいまいで、断りなしに過去と現在が入り乱れる。いや、現在がどの時点かさえ判然としない。人間関係にしてもそうだ。

今、この物語を凡庸な製作スタッフが作ったら、きっと青年のナレーションを入れようとするだろう。昨今の映画もテレビドラマも、わかりやすさばかり求めて説明っぽいものをつくりがちだからだ。ナレーションで心の動きをくどくど説明し、いかにもな音楽をつけて「はい、ここ、泣くとこですよー！」と感動を押しつける。凡作もみんなで泣けば大ヒット、か？

実人生はあいまいさに満ちている。まして人の感情がこと細かにわかるはずもない。『ラウンド・ミッドナイト』は、日々のひとこまひとこまをさりげなく切りとってみせる。ちょっとした視線、身振り、ふとこぼれる言葉、そして音楽。それらがじわりと深くしみてくる。ぐっとくるところは、人それぞれ違うだろう。

あるときデイルは青年にジャズのスタイルの変遷を語り、「幸い自分も同じ方向にあった」と言ってこう続ける。

You just don't go out and pick a style off a tree one day. The tree is inside you...growing naturally.
「スタイルってのは、ある日、出かけていって、そこらの木から摘み取ってくるもんじゃない。木は自分の中にあって、自然に育つんだ」

流行だというだけでお仕着せのスタイルに飛びついても、身の丈に合わずみっともないだけだ。なぜこうも右へならえばかりなのだろう。ついでに、みんなで仲よくカンドーするのもいいかげんやめにしないか。たまには独りで泣くべきだ。わたしもあるシーンで泣いてしまったが、それがどこかは教えない。

（二〇〇八年十二月号）

# 百文は名演に如かず

映画の翻訳はふつう映画が完成してから始める。当たり前だ。しかし実態はそうでもない。

テクノロジーが進化するほどに、「早く早く！（ついでに安く安く！）」の号令は音量を増していく。確かに機械化でいろいろ便利にはなったが、機械のそばで働く人間の身体能力が向上しているわけではない。人間的な生活さえ保障しない経済効率優先システムをどうにかしてぶち壊したい今日このごろだ。

映画も完成前からさまざまな思惑がうごめく。脚本も出来ていない企画の段階で買い付けることも珍しくないらしい。字幕屋はそんなビッグビジネスと無縁だが、公開を急ぐあまり映画が未完成の状態で「これで翻訳してね」と言われることはよくある。

CGアニメのお姫様の髪がまだ描き込まれてなくてスキンヘッドだったり、下絵のような雑な描線だったりというのは、一般の観客が目にすることのないレア映像として楽しい。

しかし完成版までに編集がころころ変わると、そのつど字幕もあちこち修正を余儀なくされ苦しい。

『ブラインドネス』（二〇〇八年公開）も完成までに三バージョンつきあうはめとなった。しかしこの編集の変遷は作り手の気概を感じさせた。編集過程で変化したのは主にナレーションの増減である。

その語りはスタイリッシュでウイットに富み、昨今のドラマで安易に垂れ流される説明的ナレーションとは一線を画すものだった。翻訳には苦労したが、とても気に入っていた。「未完成版その一」を翻訳した直後に届いた「その二」では、ナレーションが少し増えていた。これも悪くない。しかし三か月後に届いた完成版を見て仰天する。かなめで効果的に出てきたナレーションの八割近くがばっさり削除されていたのだ。

わかりやすく説明したがる現在の風潮に反して、この英断。「ナレーション部分こそ翻訳で苦労したのに」という怨《うら》めしい気持ちもなくはないが、字幕屋のそんなセコい根性などどうでもよい。

映画はこんな話だ。

ある都市の交差点。車で信号待ちをしていた男の視界が突然まっ白になり、騒ぎが持ち上がる。その後、彼を家まで送った人も、彼が受診した眼科の患者も接触者は次々に失明していく。慌てた政府は場当たり的な隔離措置を取り、医師も看護師もいない廃病院へ患者を詰め込む。そこで不自由ながら知恵を出し合い自治が機能し始めたが、銃を持ち込んだ新参者らが食料を独占し独裁者としてふるまい始める。

思いやりや助け合い、その一方で利己や欲望。汚物と悪臭と飢えの極限状態で展開するサバイバル劇は、まさに人間社会の縮図だ。

「未完成版その二」の冒頭には、こんなナレーションがついていた。

I don't think we went blind. I think we always were. People can see, but don't see.

「我々は盲目になったのではない。ずっと盲目だったのだ。みんな見えているのに見ていない」

示唆に富んだ言葉だが、これでは「このテーマでいきますよ〜」と余計なお世話をしているに等しい。こんな説明をしなくとも、心ある者は映画を見て思い至るだろう。先回りして道筋を示してはいけない。思考力減退の元凶だ。案の定、このナレーションも完成版では消えていた。

原作は、ノーベル賞作家ジョゼ・サラマーゴの『白の闇』（雨沢泰訳、NHK出版）。映画もすさまじいが、小説はもっとすさまじい。興味のある方はご一読を。いま、映画公開をきっかけに再版されているので入手のチャンス！……と書くこと自体、なんだか悲しい。出版社の皆さま、いい本は経済効率に片目だけでもつぶって、息長く出し続けてください。

（二〇〇九年一月号）

## 一粒九千キロメートル

今回とり上げる映画は『キャラメル』(二〇〇九年公開)。キャラメルといえば一粒三百メートル。しかし、この一粒を味わえば九千キロメートルを駆け抜けられる。レバノン映画なのだ。

字幕屋は、自分の専門言語と関係なく世界中の映画を手がける。わたしが読み解けるのは英語とロシア語だけだが、字幕仕事で接した言語は十数か国語に及ぶ。もちろん直接にはさっぱりわからない。言語を英訳したテキストに頼ってのことだ。言語だけでなく、その国について基本的なことさえ知らない場合が多い。我々は欧米、とりわけアメリカにはそこそこ詳しくても、アジアやアフリカのことを知らなすぎるかもしれない。

さて、レバノンについて皆さんはどれくらいご存じだろうか。何も知らなくても別に恥ではない。国は世界中にたくさんあるのだから、興味や必要に応じてそのつど調べればいいだけだ。逆に、自分がたまたま知っていることを他人が知らないからといって冷笑するのはやめよう。

まずは地図で場所を確かめる。中近東の国で、隣接しているのはイスラエルとシリア。政治的にややこしそうな地域だ。首都はベイルート。言語はアラビア語。通貨はレバノン・ポンド。宗教はイスラムやキリスト教などなど。自主的にこれだけでも調べれば、あすかあさってニュースでレバノンという国名が出てきたとき、注意して耳を傾ける気になるかもしれない。ほんのちょっとしたきっかけで興味が連鎖し、思いもかけない地平が開けることもある。

とりわけ映画は世界の窓、いいきっかけとなる。あいそもくそもない教科書的な一般情報と違って、生身の人間の顔が見えるからだ。市井の人々の営みや悩みをかいま見て感情移入もできる。あのすてきな俳優が歩いていた街並みを自分も訪ねてみたいというミーハーな気分でもいい。縁もゆかりもなかった遠い世界の人々を身近に感じることが共感の第一歩。テロのニュースをちらっと見て「まあ、怖いわねえ」とつぶやいたまま忘れてしまうよりはよほどましだ。

レバノン映画『キャラメル』はこんな物語だ。

首都ベイルートの小さな美容院。店長のラヤールは妻子ある男との恋に振り回されている。スタッフのニスリンは結婚間近だが深刻な悩みを抱えている。もう一人のスタッフ、リマはクールに黙々と働きながらも同性に惹かれている。店の常連で中年主婦のジャマルは若さを失うことに怯《おび》えている。近所で洋裁店を営む初老のローズは認知症らしき姉リリーの世話で手一杯。そのリリーもまた昔の悲恋という傷を負っている。この六人の女性たちの日常が繊細に描かれていく。

表面上、政治性は一切ない。監督は主演を務めた女性で、ありきたりなジャンル分けをするなら「女性映画」ということになるだろうか。こういう分類のし方は嫌いだが。タイトルの「キャラメル」とは、美容院の商売道具、脱毛剤だ。砂糖と水とレモン汁を煮詰めてペースト状にしたものを肌に塗ってバリッと剥がす。その甘さと痛みが悩める女性たちを表している。

感情移入できる登場人物は人それぞれだろう。私のお気に入りは老姉妹ローズとリリー。薄暗い部屋でのひっそりとした食事、手をつないでの散歩、そうした無言のシーンが胸に迫る。

姉リリーのために人生をあきらめきったようなローズが、ある日、スーツの寸法直しにやってきた紳士と淡い恋に落ちる。「○○の店でコーヒーでもいかがですか」という紳士の置き手紙にローズは意を決し、初めて客として美容院を訪れ髪を染める。そして自宅で慣れぬ化粧を始めるのだが……。

あとは映画を見てください。できれば奮発してパンフレットも買って読んでいただきたい。映像でさりげなく示されているあれこれの意味が見えてきて、一粒で二度おいしい。

（二〇〇九年二月号）

# 天のまなざし、地のつながり

「わたしに映画愛などない」とうそぶき、仕事以外で映画を見ることはほとんどないのだが、友人Aにそそのかされ、珍しく一観客として劇場に足を運んだ。そのドイツ・トルコ・イタリア映画『そして、私たちは愛に帰る』（二〇〇八年公開）は珠玉の一作だった。すごい映画を見た、というより、すごい作品を見た、という感じ。そう、文学だろうと映画だろうと音楽だろうと美術だろうと表現形式は何でもいいのだ。映画愛がどうのとこだわる字幕屋こそ愚か者。要は表現の質である。深い中味と高い技術、この両方がそろっている作品はめったにない。出合えば愛さずにいられない。人間を見据える確かな目がそこにある。

まずは粗筋を駆け足で。

ドイツに移民したトルコ人の初老男性アリは、似た出自の娼婦《しょうふ》イェテルと同居を始める。ある日、酔ってひっぱたくと彼女はあっけなく死んでしまう。アリの息子ネジャットは、イェテルの生き別れた娘アイテンを探しにトルコへ行く。しかし見つからないので、売りに出されていたドイツ書専門店を買い取ってイスタンブールに住みつく。問題の娘アイテンは、トルコで反体制運動に関わりドイツへ逃れ、女子学生ロッテと知り合うが、逮捕されてトルコへ強制送還される。ロッテは彼女を救おうとトルコへ赴くが言葉の壁もあり思うに任せない。ふと目に留まったドイツ書専門店に入ったことでネジャットと知り合い、彼の住まいに下宿する。しかしロッテは、やっと面会できたアイテンの頼みがもとで、あっけなく死んでしまう。娘の最期を知るためイスタンブールを訪れたロッテの母スザンヌは、ネジャットと会い……。

全力の駆け足でもこんなに長くなる。しかも、これではわかりにくい。映画を見ているときも、「えーと、この二人は結局どういう関係性になるんだっけ?」と混乱し、相関図を描きたくなった。しかし、それにはあまり意味がない。

基本的には、三組の親子の断絶と情愛が描かれる。宣伝のコンセプトや映画評の多くも「愛、喪失、運命、希望」がキーワードだ。それも重要なのだが……。

三組の親子が生きている現実は、すれ違いばかり。あと少しで、「ああ、あなたはあの人の知り合いでしたか!」という劇的展開になるはずなのに、そうはいかない。すべてのつながりを知っているのは、作り手と観客だけだ。つまり「神の視点」で見ている。そのことにどこか後ろめたさを感じた。同時に、われわれも現実にはこんなふうなのかもしれない、とも思い至る。ドラマがないと見えるところに、実はドラマが生じている。逆に、やたらと物語をドラマティックに仕立てたがる世相への批判にも思えた。

劇的展開を回避するアキン監督の繊細な手つきは心憎いばかりだ。きわめて自然に静かに人々をすれ違わせる。その一方で、時系列や関係性が観客に必要最低限わかるようにも配慮されており、見事な台本というほかない。「人間の関係に魅せられている」と語る監督ならではだろう。

「人間の関係」とは結局、人の世のすべてということだ。生死も善悪も愛憎も関係性から生じる。けれど、人生は図式化もドラマ化もできない。現実に神の視点を持たないわれわれは、迷いや絶望やすれ違いでしょっちゅう右往左往している。いくら大切な相手でも常に貼りついているわけにはいかないのだし。

そうした迷路や荒波を味わい尽くしてなお、つながっていられたときにこそ、確かな信頼関係が生まれる。

ケータイを命綱のように握りしめて、なかなか来ない返信をいらいらと待つくらいなら、電源を切って映画館に入り『そして、私たちは愛に帰る』を見たほうがいい。そこには、ドイツとトルコ二千キロの旅と、確かな人生が広がっている。

（二〇〇九年三月号）

## モトモトのセリフ

今回のネタは『マダガスカル2』(二〇〇九年公開)。アニメだが、お子様向けとは限らない。むしろ「よい子のみんなはぜったいマネしないようにね」と警告テロップを入れたくなるような、毒の効いたギャグ満載の痛快作。『2』というからには『1』もある。まず前作からおさらいしよう。

ニューヨークの動物園で都会的に暮らすライオンのアレックス、シマウマのマーティ、キリンのメルマン、カバのグロリア。ある日、大自然にあこがれるマーティはペンギン・トリオの脱走計画に乗る。あとの三頭も心配して追いかける。四頭はあっけなく市内で捕まるが、動物保護団体が「彼らの気持ちを汲《く》んで大自然に帰してやれ」とトンチンカンな抗議行動をしたため、船でアフリカへ移送されることに。しかし密航していたペンギン・トリオが船を乗っ取って南極へ向かおうとし、その迷走で四頭は海中へ。流れ着いたのがマダガスカル島。そこでのサバイバルが『1』の大筋だった。

新作『2』では、大自然に懲りた四頭とペンギン・トリオ他が飛行機でニューヨークへ帰ろうとする。だが遭難機を修理したオンボロ飛行機はあっけなく失速し不時着。そこはアフリカの自然保護区で、ライオンのアレックスは生き別れた両親と再会する。それぞれが「心のふるさと」で快適に過ごし始めるが、次第に問題山積となり……。このくらいにしておく。あとはぜひ劇場で。

かのスピルバーグらが率いる映画会社ドリームワークスのアニメは本当に一筋縄ではいかない。『シュレック』でも『ハッとしてキャット』でも、字幕翻訳は悶絶の連続だった。ありきたりなセリフはひとつとしてないと言えるほど、脚本が練りに練られている。ダジャレ、押韻《おういん》、流行語、時事的皮肉、慣用句を微妙にずらしたユーモア、教養がなければ理解しにくいギャグなど、アジアの片隅で「英語は苦手だしな〜」とボヤく字幕屋にはとうてい読み解けない超絶技巧の数々。むろん万事ぬかりはない。わたしのような愚か者を想定して、解説満載の英語台本が送られてくるのだ。解説のほうがセリフそのものよりはるかに長いので、読むだけでも大変だが。

映像も細部まで遊び心があふれ、何度見ても飽きない。というか、翻訳作業中に五回は見たのに最後の最後で見落としに気づくありさま。たとえばモトモトのしぐさ。モトモトというのは雄カバの名前なのだ。現地語で「hot hot（熱々・セクシー）」の意だとか。

彼は雌カバのグロリアに一目惚れして接近し、自分の名前について巨体をくねらせながらこう言う。

The name's so nice, you say it twice.

「nice」と「twice」で韻を踏んでいる。最初の原稿は「繰り返しがセクシー」とした。お粗末ながら「し」と「シー」で、こちらも韻を踏んでるつもり。すると担当氏から「名前のことだというのがわかりにくい」と物言いがつき、「名前がセクシーだろ？」に修正。ところが最後の試写で再び氏いわく、「モトモトは指を二本立ててたから「twice（二度）」の意味合いが字幕にもほしい」。そこで「〝モト〟2回がセクシー」に再修正。

一応これで決着を見たのだが、実はモトモトは間違えて指を三本立てている。そして次の瞬間、「あれ？」とばかりに手をむにゃむにゃさせているのだ。こいつがマッチョなだけであまりお利口でないという映像表現。

ともあれ、この程度ならどうにか原文に沿った訳がつくれるが、言葉遊び全開のセリフではそれすらままならない。グロリアに恋するキリンのメルマンが、モトモトとの仲に嫉妬してキレるシーン。直訳すると、「君のホッティー・モトモト・ジュニアカレッジ・バンドとダウンタウンを行進したらいいさ!」。こうなるともともとの文意を離れ、こちらも日本語で遊ぶしかない。「熱々のモトモト野郎ともっともっと楽しめ」。お粗末。

（二〇〇九年四月号）

# チェの輪

暴風の夜、『チェ 28歳の革命』（二〇〇九年公開）を観てきた。たまたま金曜日のレディースデーで半額の九百円。そんなつもりはなかったので仰天し、ちょっと申し訳ない気分になった。女だからってこの優遇？

世界的に見て日本の映画料金は高い。消費の鍵を握る女性をまず呼び込もうという知恵はわかる。しかし少しは男性にも優しくしてはどうか。シニア割引や、夫婦のどちらかが五十歳を超えていればセットで割安というのはあっても、男だからというだけの割引はない。レディースデーの五割引を三割引くらいに抑えて、メンズデーをつくっては？　レディーの対語でジェントルマンズデーでもいいが、紳士限定では狭き門になる。ま、こちらも淑女ではないが。

『チェ』は他人の字幕なので気楽だ。実際、観始めて胸をなでおろした。わたしにこの仕事の依頼が来なくてよかった、と。こういう作品の字幕翻訳は、ものすごく大変なのだ。

フィデル・カストロとともにキューバ革命を成し遂げた伝説的人物チェ・ゲバラの伝記

映画で、『チェ 39歳別れの手紙』と二部構成になっている。前半の『28歳』は、一九五六年のキューバ上陸から五九年の旧政権打倒までの革命闘争史。そのところどころに一九六四年のニューヨークにおけるインタビューと国連演説が挟まれ……と書きつつ不安になってくる。話、ついてこられてます? キューバ、どこにあるか知ってます? 革命ってどういうものかわかります? 本誌(『本が好き!』光文社)の読者になら一定の教養を期待できそうだが、字幕翻訳はもっと広い層を想定するので、右のような身も蓋《ふた》もない不安に駆られる。

そもそも字幕は欄外註のような補足説明ができない。それどころかまともな全訳でさえなく、ぎりぎりまで字数を削った要約だ。しかも文書とちがって読み返すことができない。画面に現れては数秒で消えてゆく。

『チェ』の字幕づくりが難しい理由を列挙してみよう。

(一) 史実に反するような意訳(要約)はできない。
(二) 演説やインタビューは一文が異様に長く、文法構造の違いもあって訳しづらい。
(三) 登場人物たちには常識的な用語や人名も、こちらはよく知らない。
(四) みんな似たような戦闘服でヒゲ面、しかも帽子をかぶっているので、話しているのが誰か識別しづらい。

（五）わかりにくさ満載なのに、革命闘争期とニューヨーク滞在期が交互に出てきて、ますます混乱する。

その他いろいろ。いや実に恐ろしい作品である。世界的に権威ある映画祭で賞をとったとはいえ、こんな難物を劇場公開する配給会社も立派だし、字幕を引き受ける翻訳者もあっぱれだ。幸い興行成績はかなり好調とのこと。劇場に足を運ぶお客さんにも座布団一枚。いまだ世界中に多くの信奉者がいるチェ・ゲバラのカリスマ的存在感も大きいのだろうが、この映画に単純な感動や高揚を求めてはならない。雄々しく山中を駆け回って政府軍を粉砕し、ゲリラ戦士に志願してくる農民たちとは「ともに闘おう！」と熱く手を握り……なんてのは、甘ったるいおとぎ話だ。実際のゲリラ戦は地を這《は》うごとし。負傷者の搬送、つまらないことでの内輪もめ、いつ果てるとも知れぬ行軍。そういう退屈とさえいえる日常を映画は丁寧に描いていく。そのリアルな手触りに圧倒される。

とりわけ印象的だったのは、チェが志願者を選別する際、「読み書きができること」を条件に挙げることだ。蛮勇や腕力や金だけで世界は変えられない。基礎教育の重要性を彼は知っていた。それでも入隊したいと粘る者には勉強を課した。「知」なき者は騙《だま》され搾取されるから、と。

ちなみに、映画上映前にチェ・ゲバラについての短い紹介フィルムが流れる。これも、映画をよりよく鑑賞してもらおうという配給会社の知恵である。

（二〇〇九年五月号）

## およげ！　たいやくくん

無理して各回の表題をシャレにすることもないのだが、何かしらひねらないと気がすまないおかしな体質になってしまった。今回のお題は、タイヤキならぬ対訳。

字幕屋はあらゆる国の映画を手がけるが、あらゆる外国語がわかるわけではもちろんない。英語圏以外の映画は、ほぼもれなく英語の対訳がついてくる。それをもとに字幕をつくり、必要に応じて各言語の専門家に監修をしてもらう。

対訳といっても、たいていは英語字幕のかたちなので、内容は大幅に意訳・要約されている。原文の主旨を十分につかめず泣かされることが多い。原文はたっぷり三行もあるのに、対訳が「ＯＫ」の一語だったときは、天を仰いで絶唱した。

♪毎回毎回ぼくらは対訳の　不備に泣かされ　イヤになっちゃうよ♪

こういうことが日常茶飯事なので『タブロイド』（メキシコ・エクアドル、二〇〇四年）の台本を見たときは感涙にむせんだ。省略なしの完璧な対訳なのだ。さながらしっぽまで餡《あん》が詰まっているタイヤキのごとし（しっぽ餡不要論もあるらしいが）。

舞台はエクアドル。どこかわかりますか。わたしもうろ覚えで、まず地図を調べた。南米大陸の左肩あたり。西の沖合にガラパゴス諸島があるといえばピンとくるだろうか。

エクアドルの小都市で子供ばかりを狙った連続殺人が起きる。取材に来ていたテレビ・リポーターは、ある日、交通事故に遭遇。子供が車の前に飛び出した不幸な事故だったが、運転していた男は集団リンチに遭い、逮捕される。リポーターが留置場を訪ねると、男は意外な取り引きを持ちかけてくる。「私の苦境を番組で取り上げて釈放に導いてくれたら、殺人犯の有力な情報を提供する」と。

最初は取り合わなかったリポーターだが、その後、この男こそ殺人犯だと確信し、自白を導き出そうとする。男のほうは、「犯人と偶然出会って話を聞かされただけだ」と言い張る。この虚々実々の心理戦が見ものだ。真実を追求するジャーナリストとしての信念と、俗悪な功名心との間で揺らぐリポーターの姿もいい。

そう、タイヤキの餡がどうのと言っていられない社会派ドラマなのだ。ラストも実に苦い。

日本公開時（二〇〇六年）に話題となった記憶はあまりないが、一見の価値があるので興味のある方はＤＶＤでどうぞ。そのうちＮＨＫの衛星放送でも放映される（わたしがやっているのは放送用で、ＤＶＤは別の翻訳者。字幕を見比べるのも面白いかも?）。

完璧な英語の対訳があっても、知らない言語の映画を引き受けるのは、やはり憂うつだ。とんでもない誤訳をしそうで怖いし、どの言葉がどの英単語に相当するのかを対照させるのも一苦労。書棚にずらりと並んだ各国語の辞書を引っ張り出しては、文法などわからないままに単語を引きまくる。時間がかかるし肩も凝る。

それでも辞書を引ければまだいい。文字の読み方すらわからないアラビア語やタイ語などはまったくのお手上げだ。せりふを耳で聴いて、「確かこの音は、あそこにも出てきた。対訳の英語表現はちがってるけど、字幕では同じ表現にしたほうがいいだろうか」などと手探りする。

そんななかで、意外とやりやすいのは中国語作品だ。原文が漢字だからである。もちろん、同じ漢字でも中国語と日本語でニュアンスの異なる字があるので注意は必要だが、中国語と英語が並んでいる台本を読んでいると、英語ではピンとこないせりふも漢字で納得がいく。

例えば、「spiritual training」という英語があったとする。精神的訓練? いや、精神鍛錬のほうが一字減るし自然か。そこで中国語台本に目をやると「修行」の二文字。なるほど！

対訳に一喜一憂する夜は疲労が深い。冷凍タイヤキで糖分補給といくか。

（二〇〇九年六月号）

# なめるな　危険

よく「字幕は映画のセリフを耳で聴いて翻訳してるんでしょう。外国語の達人なのですね」と言われるが、それは誤解だ。あんなもの聴き取れるわけがない。ちゃんとした台本がなければ手も足も出ない。ゆえに台本のクオリティは字幕のクオリティに直結する。ところが、その台本が恐ろしいほど千差万別なのだ。

物語の舞台はどこか、誰がその場面にいるのか、夜か昼か、室内か外か、ＢＧＭは流れているのか、さらに登場人物の細かい動きや笑い声や咳払いまで、詳細に書き込まれた台本がある。こういうものはＡ４用紙で印刷すると三百枚ほどになる。セリフだけ書いてある台本なら五十枚ほどだろうか。

翻訳する以上は詳しいに越したことはないのだが、あんまり紙がかさばるのもうれしくない。そんなことを日々思っていたら、ものすごい台本が送られてきた。Ａ４用紙でたったの四枚！　絶対あり得ない！　送ってくれた配給会社の人も戸惑っている。「たぶん何かの間違いだと思います。予告編の台本かもしれません。確認します」。

確認してもらっても、本国からは「これが正しい台本です」という返信がくるばかり。そこで「とりあえず見てみますか」と見てみたら、本当に台本四枚に二時間近い映画のセリフ全部が収まっていた。映画史上最少ではなかろうか。

これなら一日で翻訳できるかも、となめてかかったのは甘かった。米粒のような英字がぎっしり詰め込まれているだけで、セリフの数は史上初というほど少なくはない。老眼の翻訳者なら確実にルーペがいる。何もここまで紙を節約しなくてよさそうなものだ。これもエコなのか。エコとは「エコロジー」なのか「エコノミー」なのか、はたまた「エゴ」の誤植なのか、疑念を抱く今日このごろ。

ともあれ、このギネス級四枚台本の映画は『アイ・カム・ウィズ・ザ・レイン』(二〇〇九年公開)という。英題をそのままカタカナ書きした邦題に、ちょっとイラッとする。なめずに、かむべし?

映画の冒頭、刑事が緊迫の面持ちで銃を構え、そろそろと歩んでいく。犯人はその隙をついて金属バットでめった打ちし、刑事が倒れるとなぜかその腕に噛みつく。そう、「かむ」のだ。ううむ、意味が分からない、と思う間もなく物語は三年後に飛び……。ここで粗筋を書いてもあまり意味がない気がする。かなり変な映画なのだ。

もちろん、なめてかかっていたわけではないのだが、あちこちで難問に直面した。セリフは確かに少ない。映画一本にセリフは一千くらいが平均だが、今回はその半分。しかし寡黙ゆえの難解さがあり、ごまかしが利きにくい。

ひとつ例を挙げよう。

You don't know what I've done.

（俺が何をしてきたかお前は知るまい）

終盤、このセリフを主要人物二人がそれぞれ別の場面で口にする。どちらも緊迫した場面。「俺はすさまじい修羅場をくぐり抜けてきた。だからお前など怖くない」というニュアンスだ。重要なセリフなのでできれば上記の直訳を字幕にしたいが、字数的にあり得ない。一見短文のようでも十六字ある。一秒＝四字の原則に照らせば四秒必要だが、実際にはしゃべるのに二秒もかかっていない。ゆえに字幕は八字が上限。

登場人物の気持ちになって必死に言葉を探し、最初に出てきたのが……

「俺をなめるな」（六字）

推敲《すいこう》を経て「俺を見くびるな」とし、直接の担当者にも了解を得たが、別の部署から文句が来た。「渾身《こんしん》のセリフなのに、これでは浅い」。ごもっとも。

そこで、あまりやりたくないが、字幕の出る長さをこっそり半秒ほど長くするという最終戦術を駆使した。

「俺は地獄を見てきた」（九字）

（二〇〇九年七月号）

# ひつじのジャム

折り込み広告の裏一面に殴り書きしたメモが、いまも手元にある。「しばき倒す」「重い一発を張る」「挑発しにいく」「必殺」。しんしんと冷え込む二月の午前三時、わたしは一心不乱に物騒な言葉を書き散らしていた。鬼気迫る光景である。いったい何をやっているのだ。

言葉はさらに続く。「エルボー連打」「えんずい」「ニーパッド」「ラリアット」。そう、プロレス中継を見ながら現場用語のにわか勉強をしていたのだ。

字幕屋は得意分野の映画ばかり翻訳できるわけではない。まったく知らない世界でも平然と引き受ける。内心は「まじかよ、やっべー!」なのだが、面《つら》の皮が厚いのであまり気づかれない。そして人知れず猛然とにわか勉強を始める。このとき引き受けていたのがミッキー・ローク主演の『レスラー』(二〇〇九年公開)だ。

冒頭、人気レスラーの新聞・雑誌記事を背景に、実況アナウンスの断片が流れる。大観衆の声援も響く。「ラム・ジャム！　ラム・ジャム！」。ラム酒入りのジャム？　なんとなくおいしそうだが、違う。お酒のラムは「rum」、こちらのラムは「ram」。牡羊《おひつじ》のことだ。ちなみに肉料理のラムは子羊で、綴りは「lamb」。成長した羊を食用とする場合はラムでなくマトン。豚肉をピッグでなくポークと言うごとし。ややこしい。

それはともかく、「ラム」は主人公のリングネームの一部だ。その名もランディ〝ザ・ラム〟ロビンソン。なぜ「ラム」なのか。まず彼の本当の姓がラムジンスキであること。さらに「ram」には「破城槌《はじょうつい》」という勇ましい意味もある。そして独自の必殺技が「ラム・ジャム」。

対戦相手が弱って勝利間近になると、彼はロープの支柱の上に立ち、両腕を牡羊の角のような形にして頭に当てたのちダイブして敵を押さえ込む。ワン、ツー、スリー。カンカンカン！　鳴り響くゴング、こぶしの利いた絶叫アナウンス。「勝者は、ランディ〝ザ・ラム〟ロビンソン！」。ショーアップされた最後の決め技がラム・ジャムなのだ。

ではなぜ「ジャム」なのか。これを説明するのは難しい。食べるジャムというわけではないが、綴りは同じ「jam」。気になる方は大きめの英和辞典で「jam」を引いてみてほしい。甘いジャムのほかに、ジャズの即興ライブを意味する「ジャム・セッション」とか、バスケの「たたきこむようなシュート」、「交通渋滞」など、いろいろ出てくる。「ぎっしり詰まる」「動けなくする」という動詞もある。あまり深く考えず語感のノリで受け止めるのがいいのかもしれない。

「ラム・ジャム ram jam」要するに語呂がいいのだ。

粗筋に戻ろう。映画はまだ数分しか進んでいない。

「今日、一九八九年四月六日は永遠にプロレス史に刻まれます！」という実況を最後に、音声は途絶え画面も暗転。静寂の闇の中で男の苦しげな咳が響く。貧相なロッカールームで、興行を終えた中年レスラーが、あえいでいる。そこへ英語のテロップ、「20 years later（二十年後）」。

栄光は去ってもラムは愚直にプロレス一筋だった。彼にはそれしかないのだ。平日はスーパーでパート勤務、住まいはレンタルのトレーラーハウス。たまに家賃滞納で大家に閉め出しをくうが、日焼けサロンや美容院通い、わき毛の処理や筋肉増強剤の摂取など、レスラーとしての「身だしなみ」には手を抜かない。体はすでにぼろぼろである。

ある日ついに心臓発作で倒れ、ドクターストップがかかる。プロレスなしでどうやって生きていけというのか。呆然とするラム。心の支えであるストリッパーに弱音を吐き、彼女の助言で疎遠だった娘との関係修復を図り、スーパーの総菜売り場でフルタイム勤務に励み、やっと娘やストリッパーといいムードになって光明が射したかに見えたのだが……。これ以上は書くまい。いずれにしてもこのジャムは甘くない。

（二〇〇九年八月号）

# 太鼓たたいて、ふり捨てて

今回のネタは『扉をたたく人』（二〇〇九年公開）。とんとん、「入ってます」。トイレの話ではない。原題は『the Visitor（訪問者）』と単数形だが、主人公のもとにはいろんな人が訪れてくる。

まずは物語の冒頭から……。

初老の大学教授が自宅でそわそわと誰かを待っている。とんとん。現れたのは初老の上品な女性。言葉少なに挨拶をかわし、「では始めましょうか」と言う。何が始まるのだ。恋？　残念、ピアノ・レッスンだった。

たどたどしく指で鍵盤をたたく教授に女性教師が繰り返し注意する。「指はトンネルのように曲げるの。電車が通るように」。子ども扱いされてムッとする教授。初日なのに「もう来週から来なくていいです」と解雇を言い渡す。このパターン、これで五人目らしい。

彼はピアニストの妻を亡くし、学者としても枯れ果て、心を閉ざしたまま鬱々《うつうつ》と生きていた。あるとき、大学から学会発表を押しつけられ、しぶしぶニューヨークのセカンドハウスにやって来る。すると人の気配。シリアとセネガル出身の若い移民カップルが勝手に住み着いていたのだ。行き先のない二人を哀れに思った教授は、しばらく泊めてやることにする。

シリア青年はアフリカの太鼓「ジャンベ」をたたくミュージシャン。いつしか教授も彼に教わってたたき始める。これが最高に楽しい。甘やかなメロディを奏でることのない、リズムだけの打楽器は演奏の脇役といったイメージがあるが、ものをたたくという行為こそ音楽の始まり、原初的姿なのだとも言える。しかもその響きの表情豊かなこと！

その後、シリア青年は不法滞在がばれて収監される。確かに違法なのだが、彼は米国で母親と十年近く暮らし、生活基盤はもはやシリアにはない。かの九・一一がなければ当局も強制送還までは考えなかったろう。そういう今の米国社会の不寛容も浮き彫りにされる。しかし声高な社会批判ではない。むしろ、音楽の力（そして恋の力）による初老教授の再生の物語だ。

青年の釈放を求めて奔走する教授のもとに、また訪問者が現れる。とんとん。青年と連絡がとれなくなって心配した母親がミシガンからニューヨークに出てきたのだ。教授は青年が泊まっていた部屋を宿として提供する。
この二人のぎこちない同居生活、その微妙な距離感がいい。母親はしきりに、「あなたは仕事が忙しいんだから、私の息子のためにそんなに無理しないで」と気遣うが、教授にとってはそれは耳の痛いセリフだった。観劇デートを果たした夜、ついに教授は彼女に打ち明ける。

I pretend. I pretend that I'm busy, that I'm working. I'm not doing nothing.
「ふりさ。忙しいふり、働くふり。実は何もしていない」

これは私の耳にも痛かった。つね日ごろ「いやー、忙しくて、ほんとにまいっちゃうよ」などと嘆きながら、実は自慢げなのだ。忙しいことがそんなに偉いか？　忙しがることで壁を築き、危うい自分を守ろうとしているだけではないのか？
思えば、この教授はましかもしれない。無気力な日々を送ってはいたが、完全に壁の内側にこもらず、どうにかしようともがいていた。実りのないピアノ・レッスンもそのひとつ。心の扉は完全に閉ざされず、半開きだったのだ。だからこそ移民カップルを自宅に泊める気になれたし、ドラムの響きに足を止めることもできた。

ふりなど捨てて太鼓をたたけばいいのだ。楽器がなければ、そこらのナベでもバケツでも机でもいい。何かをたたけば空気が震え、人を揺さぶる。とんとん、「入ってます」。扉の向こうに誰かがしゃがみこんでいるかもしれない。

（二〇〇九年九月号）

# まつりのあとさき

「字幕屋さんはいつごろが忙しいのですか」と、よく聞かれる。一年でかき入れ時はいつなのか、という問いだが、農業や観光業ではないので、そうはっきりしたことは言えない。ただ敢《あ》えて言うなら秋だろうか。そう、お祭りの季節、映画祭だ。

映画祭と名のつくものは年がら年中どこかでやっているが、国内で規模の大きいものはなぜか秋に集中する。多数の字幕関係者が半死半生の目にあいがちな「東京国際映画祭」は十月下旬。それより歴史は浅いがこだわりは深い「東京フィルメックス」は十一月。

むろん東京だけではない。ふだん目にすることのないドキュメンタリーの秀作が世界中から集まる「山形国際ドキュメンタリー映画祭」は十月ごろ（隔年）。欧米中心になりがちな映画界に風穴を開けんと、アジアの才能掘り起こしに奮闘する「アジアフォーカス福岡映画祭」は九月。福岡市は映像の収集・保存にも力を入れていて、映画文化度が高い。

こうした映画祭は期間が短く、一作品の上映回数も少ないので、あまりたくさんの人には観てもらえないが、お祭りならではのよさがある。スター俳優や有名監督がドレスアップして現れること？　いや、そんなことはどうでもいい。

映画祭の醍醐味《だいごみ》は、世界中の多様な映画を観られることだ。なにしろ目利きが選んでいる。スターのネームバリューや資金の潤沢さだけが頼りの安直な映画とはひと味もふた味も違う。もちろん、すべて傑作ぞろいだ、などと無条件に礼賛するつもりはない。変な作品もある。どんより暗く、観ていて気が滅入る作品もあるし、なんのことやらさっぱりわからない難解なものもある。

ハリウッド大作や人気テレビドラマの映画版しか味わったことのない目は、点になるかもしれない。ジャンクフードばかり入れている口で、素材厳選の薄味料理を味わえと言っているようなものだ。そもそも人それぞれ好き嫌いがある。わたしも、山ほど出てくる高級コース料理より、深夜のインスタントラーメンに幸せを感じるほうなので、高尚を気取るつもりはない。

ただ、もし機会があれば、映画祭で上映される、名もない地味な作品を見て、映画の幅広さを知ってもらえたらと願う。あらゆるジャンルに言えることだが、メジャーな売れ筋ばかりがその世界のすべてではないのだ。怖い物見たさで冒険してみてほしい。会場では、ふだんとうてい目にすることのない国や地域の作品が、惜しげもなく取っかえ引っかえ上映されている。その非日常こそがお祭りだ。

実りの秋を祈りつつ、酷暑のなか汗水たらして祭りの準備は着々と進む。本番の上映は一作品わずか数回、トータル十数時間のために、百時間近くかけて字幕をつくりあげる。しかもなじみの言語ではないので、英訳があるとはいえ、冷や汗もだくだくだ。

現在翻訳中なのは、「アジアフォーカス福岡映画祭」の一本で、カザフスタンの『さよならグルサルー』（二〇〇八年）。グルサルーは馬の名前なのだが、「雄馬なのにどうして女の子の名前がついてるんだ?」というセリフが出てくる。雄猫にハナコと名づけるようなものか。未知の異文化世界は小さな発見の連続だ。

時代に翻弄《ほんろう》される男と馬の友情物語で、そこはかとないユーモアをにじませ、しかも過剰なセリフに頼ることなく、優れた編集で観る者を引き込む。

どんな作品も翻訳でじっくりつき合えば、わが子のように愛しくなるものだが、ことに映画祭作品となると、その短命が痛ましく、どこかの配給会社が買って劇場公開してくれないだろうかと、夢見たりもする。たまにかなうこともあるが、たいていは夢で終わる。

まあ、いい。まずは力を尽くして祭りを盛り上げるのみ。過酷な準備に耐えてこそ、本番で華々しく弾《はじ》けることができる。祭りのあとの、しんみりした酒もまた格別だ。

（二〇〇九年十月号）

# 死をかたる

死を語るのは難しい。経験をふまえて語ることは誰にもできないからだ。「あの世は大層いいところらしい。みんな行ったきり、一人も戻ってこない」という名言もある。いずれにしても死は永遠に未知の領域だろう。それゆえ恐ろしくもあり惹かれもする。

逆に言えば、この世で死を語れるのは生者のみ、ということでもある。泣くのも哀れむのも怒るのも生者の所行。死んだとたん絶賛の嵐が吹き荒れたり……。そうやって死は、死者本人の気分にはおかまいなくドラマ化されてゆく。いまだに人気の衰えぬ「泣ける物語」の主戦力。不治の病でドラマを盛り上げる手法は、すでに三十〜四十年前の少女漫画でさんざん使われたろうに、しぶとく古びない最強アイテムだ。このあたりは「騙《かた》り」の部類か。

個人的には、孤独死という言葉が嫌いだ。そういう事態がいやなのではなく、その言葉にまとわりついた哀れみの気分に違和感を覚える。やはりここでも哀れむのは生者だ。すでに死んでしまった者はそれに異議を唱えることすらできない。

わたしも独り暮らしなので、ある日ばたりと自宅で倒れ、誰にも気づかれず死んでしまう可能性は高い。生活パターンからすると二~三週間は発覚しないだろう。けれどその死を孤独死という言葉でまとめられ、「まあ、かわいそうにねえ」などと哀れまれたら、わたしはそれを侮辱と受け取る。

「おまえは不健康ながら今のところふつうに生活できているから、そんなふうに言えるのだ。たったひとりで瀕死の状態に陥ったら誰かにいてほしいはずだ」と意見されたら、確かに反論しづらいのだが……。

そんな惑いのなか、二〇〇八年のＮＨＫアジア・フィルム・フェスティバルで上映されたトルコ・フランス・ドイツ・ベルギー映画『パンドラの箱』に胸を衝《つ》かれた。国名がやたら連なっているのは資本の出どころの問題であって、あっさり言ってしまえばトルコ映画である。

山村でひとり暮らす老母がいる。ある朝、いつものように一日を始めた彼女は、ベランダから山を見やった瞬間、ふと何かに気づく。ここに一切の説明はない。

舞台はかわって都会。中年にさしかかった子供たち三人のもとへ、老母行方不明の知らせが入る。ふだん疎遠な三人は喧嘩《けんか》をしながら故郷へ向かう。

老母は山中で無事に発見されたが、様子がおかしい。医師の診断は認知症。子供たちも子育てや不倫などそれぞれの問題で手一杯なのだが、「常識的な」判断で母親を手元に置き、面倒を見ることにする。

こういうとき最も大きな分担を期待されるのが、「ふつうに」家庭を築いている専業主婦だ。本作では長女がそれに当たる。独身でキャリアウーマンで泥沼不倫中の次女も、独身で貧乏な自称芸術家の息子も、協力する素振りはするが、自分から母を引き取るとは言わない。

長女は狭い自宅マンションに母を迎え入れ、医師の助言に従って母を「しつけ」ようとする。だが母は山へ帰りたがって、うまくいかない。

そんななか、長女の息子が存在感を発揮する。老母にとっては孫に当たる少年だ。学校をさぼって家にも帰らず、長女の頭痛の種になっているのだが、そんな彼がおばあちゃんの徘徊や妄言を否定せず、ただ黙って付き添いイスタンブールを周遊する。

しかし介護に疲れ果てた子供たちは、母を施設に預ける。それに納得いかない少年は、おばあちゃんを無断で連れ出して故郷の山へ……。

結末は書くまい。老母の行動と孫の決断は、今この現代に暮らす私たちにとって「ええー、そんなぁ!」というものかもしれない。
けれど死そのものに、正解や理想が必要だろうか。

(二〇〇九年十一月号)

# 実録、熱闘シアター

フランス文学史に燦然《さんぜん》と輝くフローベールの小説『ボヴァリー夫人』を、ロシア映画界の鬼才ソクーロフ監督が映画化！（二〇〇九年十一月公開）この文言だけで一定の（主にインテリ筋の）観客を引きつけるはずだ。ホンテリのわたしもそそられたので出かけてみた。

案の定、平日の真っ昼間だというのにけっこうな盛況。約百席のミニシアターが、中高年主体とはいえ七割方埋まっている。以前、同じ平日昼間にクストリッツァの『ウェディング・ベルを鳴らせ！』を観に行ったときは目を覆うばかりの低調だったので、それに比べれば破格だろう。『ウェディング・ベルを鳴らせ！』のほうがはるかに「楽しい」作品なのに。さすがフローベール、恐るべしソクーロフ。知名度は世界を救う。

とはいえ、このホンテリ字幕屋、作家名と書名は知っていても、中身はまるで知らない。一方、ソクーロフ監督作は三本ほど字幕を担当して、その難解さは骨身にしみている。この両者のタッグならば難敵となるに違いない。そこで、敢えて一切の予習をせずに出かけてみた。はたしてわたしはこの作品をまっとうに鑑賞できるのだろうか？　いざ出撃。

邦題と英題は『ボヴァリー夫人』だが、スクリーンに現れたロシア語の原題は『救いたまえ、守りたまえ』だった。ヒロインのボヴァリー夫人が、映画の早い段階で口にするセリフと同じ。だからなんだと言われても、それ以上のことはわからない。

冒頭、夫人が怪しげな男からショールや扇子を勧められている。状況や人間関係の説明がまったくないので面食らう。男は商人らしい。

ほどなく舞台は薄暗い部屋へ移る。生白いボンレスハムのような肉塊がベッドでうごめいていて、たいへん怪しい。それがベッドシーンだとわかるのにしばらく時間がかかった。ボンレスハムと見えたのは、足がシーツに隠されていたせいだ。いずれにしてもあまり美しくない。ただ、少し目を上げるとスクリーンの上のほうに小さな窓があり、そこからの景色がなぜか胸にしみる。

音声が作為的らしいことにも、この場面で気づく。ボンレスハムは激しく動いているのに、それに伴う息づかいが聞こえてこないのだ。代わりにノイズめいた不穏な音が低く響き続けている。それはハエの羽音だった。その後もこれは、ほとんど全編にわたって鳴っている。作品の通奏低音であるかのように。わたしはこれを「日々の暮らしに退屈しきった妻の脳内に響く象徴音」と解釈した。ちがうかもしれない。

もうひとつふしぎなことがあった。会話はすべてロシア語なのに、ボヴァリー夫人のセリフにだけフランス語が混じるのだ。原作にあるセリフに限り、作家に敬意を表してロシア語訳しなかったのだろうかと、ない知恵を絞って推測してみる。あとでパンフレットを見て謎が解けた。主演の女性が「感情表現には自分の母語であるフランス語がいい」と言い、それを監督も受け入れたとのこと。こんな手法があったとは。

ちなみに彼女はプロの女優ではない。だが、その存在感は圧倒的だった。その顔、眼差し、声、肉体、すべてがまさにボヴァリー夫人なのだ。これだけでも一見の価値あり。最後に夫人は服毒自殺し、遺体は樫《かし》とマホガニーと金属の三重の棺に収められる。いちばん外側の金属棺は巨大で、葬列は異様な光景と化す。もしやロシアの有名な入れ子人形マトリョーシカの棺版？　まさか。これもあとで、原作に忠実な描写であることを知った。

さて、観終わって楽しかったかと聞かれれば返事に困る。とはいえ、目を凝らし耳をそばだて全力で格闘した充実感はあった。難敵に丸腰で挑み、闘い抜いた気分。早々に戦列を離脱して安らかな寝息を立てている老兵もいたが、戦場を去る多くの同志たちは眼光鋭くひきしまった顔をしていた、ような気がした。

（二〇〇九年十二月号）

# 飲むから静かにしてくれ

低くうなり続ける換気扇。階下の道路を車が一台。少し前から雨が降り始めたらしい。外を見なくてもタイヤの音でわかる。

それほど静かなのに、なんだかうるさくてしょうがない。消音のままつけっぱなしにしていたテレビでバラエティ番組が始まったせいだ。めまぐるしく切り替わるカメラ、手をたたき大口を開けて笑うタレント、話された言葉をいちいち拾うテロップは、赤白黄色、青黒緑、金銀紫ピンク色。チューリップどころの騒ぎではない。

映像の美学がどうのと難癖をつけるつもりはない。テレビは何でも屋でいい。うるさいなら消せばいい。ところが公共の場での映像は自分で消せないし音も絞れない。いやなら立ち去ればいいのだが、それが駅のホームの乗車位置となると去りがたい。

おかげで最近、地下鉄に乗るのがゆううつになった。ただでさえ騒々しいホームで、なにが悲しうてCMを視聴せねばならん。せめて音楽を消してくれ。ふつうに聴けばうっとりする曲も大音声のアナウンスと電車の轟音にまみれ、もはや音楽たり得ない。ただひたすらうっとうしい。

静寂と孤独を欲するわたしの字幕屋人生は、奇しくもサイレント映画から始まった。初めて自分の名前で翻訳をしたのは『黙示録の四騎士』(一九二一年)、花も恥じらう二十五歳のことだった。といって、いま百十三歳というわけではない。生真面目に計算しないように。

映画は一八九〇年代に誕生し、一九二〇年代後半まで音声がなかった。それをサイレント映画という。ときたま文字でセリフや説明文が出るが、あとはすべて映像で表現される。人間、あまりに静かすぎると落ち着かないのだろう。人がたくさん集まる場所ではなおさらだ。上映時にはたいてい生演奏が添えられた。日本ではさらに弁士(映画説明者)が登場。早くから欧米の映画が公開され、外国語の文字情報を翻訳しなければならなかったせいもあるが、「映画説明者」というだけあって単純な翻訳に留まらない。情景・展開も情感たっぷりに解説し、ひとつの話芸として一時代を画した。

この話芸を貶《おとし》めるつもりはないのだが、現代の騒々しさに辟易《へきえき》し、弁士が日本独特の文化だったことを考え合わせると、「これって日本的心性?」と邪推したくなる。

つい先日、映画関係者の飲み会で聞いた恐ろしい話。「フェイド・アウト、フェイド・

インが時間の経過を表すとわからない人が最近いるんですよ。いちいち三日後とか三年後とかテロップを出さないと物語を追えないらしくて」。

映像がじわっと暗転するのがフェイド・アウト、続いて別のシーンがじわっと浮かび上がってくるのがフェイド・イン。このひと呼吸でよく時間が飛ぶ。小説における一行空きや章替えに近い。どちらも広義の「文法」だ。

映像／文脈を読み取る力が衰えてきているのだろうか。あいまいさを嫌い、むやみに説明を求める。安易な言葉や音楽で目と耳を埋めたがる。外部からの情報で脳内が満たされれば、独自の思考は止まる。

サイレント映画を観ることでも文脈を読む力は鍛えられるかもしれない。チャップリンやキートン、あるいは元祖『オペラ座の怪人』（一九二五年版）もお薦め。ロン・チェイニーの怪演と衝撃のラストシーンを見よ！　音楽つきでもいいがいっそ消音で、ひたすら映像に目を凝らしてみてはどうだろう。きっと自分でセリフやナレーションを口走り始め、格好のトレーニングになるにちがいない。静寂こそ脳トレの第一歩？

ちなみにわたしは、カラオケなど言うまでもなく、ＢＧＭの音量が高い店も苦手だ。やっと静かな店を見つけて和やかに飲み始めても、ほどなく近くの大テーブルで拍手喝采大爆笑の宴会が始まる。ついには放歌高吟鳴り物入り。
たのむから静かにしてくれ。

（二〇一〇年一月号）

# その三

# 字幕屋・酔眼亭の置き手紙

## 〈映画字幕のつくり方①〉ハコ切りとハコ入り台本

世の中にはいろんな箱がありまして、玉手箱、本箱、重箱、下駄箱、空き箱、山崎ハコ（ええっ?・）そして字幕翻訳にも大切な「ハコ」があるのです。それは映画の台本に入れていく区切りのこと。

/Hello. / My name is Naoko Ota. / Nice to meet you.

あまりにベタな例文で恐縮ですが、各センテンスの冒頭に入れたスラッシュ（／）を

「ハコ」と呼びます。この部分で上映中に字幕が切り替わるわけです。

字幕翻訳者は台本と映像が届いたら、まず最初にこの区切り作業を行います。これが「ハコ切り」。「ハコ書き」と呼ぶ人もいます。字幕全体の骨格を決める重要な作業なので侮《あなど》れません。いわば字幕の設計図、あるいは化粧の下地クリーム、または料理の下ごしらえ、書物の章割り、マラソン前のストレッチ……、比喩がどんどん脱線してきりがありま

せんが、とにかく切らねばなりません。
例文はわかりやすくセンテンスごとに区切りましたが、実際は「間《ま》」や息継ぎで切ります。話者が変わるときももちろん切りますし、一人の人物が立て板に水で延々しゃべっているときも適当なところで切ります。仕事の初日は映画一本を切って切って切りまくるわけです。ぜーはー。まるで血の雨が降るヤクザ映画みたいですね。

とはいえ切りすぎてもいけません。字幕が一秒ごとにパタパタ切り替わったら落ち着いて読んでいられないでしょう。役者のセリフの呼吸に合わせて、あるときはテンポよく、あるときはしっとりと、気持ちよく読みやすい字幕を出していくのが腕の見せどころ。ハコの切り方が下手だと、どんな名訳をつけても観客をぐったり疲れさせてしまいます。

本の朗読やナレーションなら、センテンスごとにハコを切っても、そうおかしなことにはなりませんが、ふだんの会話は、つっかえたり言いよどんだり言い直したり、とてもブロークンなものです。文法もしょっちゅう乱れます。その呼吸を字幕としてどう出すかがポイント。

「ほらあの……（二秒の間）この前わたしと……（一秒の間）なんて店だっけ……（一秒半の間）火曜日に……」

このようにまだ何も言っていないに等しいセリフでも、字幕では「間」のところでハコを切るわけです。全部をひとつの字幕として出してしまうと、実際のセリフより先に中身がわかってしまって緊張感ゼロ。芝居が台なしです。

どこで区切るかは、実践を積んで感覚的に身につけていくしかありません。目安としては、「一秒以上の間が空いたら切る」「話者が変わったら切る」「話す相手が変わったら切る」「口調が変わったら切る」「長くしゃべっているときはブレス（息継ぎ）で切る」「ブレスのない長ゼリフでも五秒を超えたら切る」。こんなところでしょうか。

全編を切り終わったら赤ペンでスラッシュに番号をふっていきます。一作品のセリフ数はたいてい一千前後。「ハコ入り台本」の完成です。これを字幕制作会社に渡し、箱ごとのセリフの長さを専用の機材で測ってもらいます。翻訳者がストップウォッチや字幕ソフトで測ることもありますが、それはしょせん素人作業。字幕のクオリティが落ちるだけなので、あまりお薦めできません。

（二〇一三年春号）

## 〈映画字幕のつくり方②〉スポッティング

「スポッティング」とは、映画のセリフの長さを測ることです。このセリフは一秒、次のセリフは三秒……などと、ひとつひとつの長さを計測し、一千〜二千セリフ分の長〜いリストを作っていきます。この数字がずらずら並んだリストがなければ字幕翻訳は始まりません。字幕には一秒＝四文字という字数制限があるからです。

セリフを耳で聴いていれば、何文字くらいで翻訳するとピッタリくるか感覚的にわかりそうなものですが、意外とこの感覚はあてになりません。頭の中で「これくらいでピッタリだな」と思った文章も、実際に書いてみると字数が多すぎて、観客が読み終わる前に字幕は消えてしまいます。そのために正確な数値が必要なのです。

たとえば、こんなセリフはどうでしょう。

I'm not lying.

嘘じゃないわ

この直訳で十分に短く、原音のセリフにピッタリ収まる気がします。ところがスポッティング・リストを見ると、このセリフの長さは一秒以下。つまり三〜四文字の字幕にしなければいけません。直訳は六文字で多すぎます。そこで、もうひとひねりして作った字幕は、「本当よ」。

もうひとつ例を挙げましょう。

You didn't know?
知らなかった?

これもまったく問題なさそうですが、やはり長さは一秒以下なので六文字は多すぎ。そこで「初耳?」という字幕にしてみたり。

もちろん、少しくらい字数オーバーでも、どうにか読めてしまえることはありますし、あまり神経質になりすぎて舌足らずな字幕になるのもよくないのですが、やはり感覚だけで書いてしまうと読めない字幕連発となります。テレビドラマやCMでそういう例をよく見かけますよね。そんなとき、「ああ、字幕に関しては素人さんの仕事だなぁ」と、つぶやいてしまうイケズな字幕屋。

ここで声を大にして言っておきたいのですが、この字幕制作に必須のスポッティングは翻訳者の仕事ではありません。セリフの長さをだいたい測るだけならストップウォッチでも可能ですが、それはただの素人仕事。近年、字幕界を席巻している「字幕制作ソフト」も同じです。そんなものでお茶を濁してはいけません。

字幕を映像上に一分《いちぶ》の隙もなく美しく出すためには、プロの職人技が必要です。彼らは、音声を自在にスロー再生できる特別な機材で、三十分の一秒単位の細かい数値を映像と見比べながら精密に出しています。一朝一夕の修練でできるワザではありません。しかも、いつも仕事に追われて大変な重労働。スポッティングリストはまだですかー、と現場は大騒ぎ。そのご苦労、いかばかりか。

映画を観ているお客様は、そんな縁の下で冷や汗を流している力持ちの存在に思いも及ばないでしょうが、「日本語字幕　だれそれ」とクレジットされる翻訳者の背後には、名もなきたくさんの優秀なプロフェッショナルたちがいることを知っておいてほしいのです。たぶんどんな業種でも、そうなのだと思いますが。

（二〇一三年夏号）

# 〈映画字幕のつくり方③〉アケまして……

映画の字幕には句読点はありません。「。」は一角アケ、「、」は半角アケです。このスペースで文章の区切りをつけています。すべては、字幕をいかに読みやすくするか、という観点。

文の終わりの句点「。」は迷いようがありませんが、読点「、」に当たる半角スペースをどこにアケるかは悩みどころです。意味や、読む呼吸でアケるべきか、漢字や平仮名が続いているところでアケるべきか、決まったルールはないので、そのときの直感が頼りです。昨日はアケたけれど今日読み返してみるとアケなくていいかなと思い直したり。ふつうの文章でも「、」をどこに打つかは迷いますよね。

字幕が二行になる場合は、見た目のバランスにも神経を使います。たとえば、「待て。どこに行く。頼む。待ってくれ。」というセリフがあったとしましょう。これを字幕にすると、

待て　どこに行く
頼む　待ってくれ

となりますが、これでは上の「待て・頼む」と、下の「どこに行く・待ってくれ」がそれぞれひとかたまりに見えてしまいます。これを横書きにすると、左右で二人分の字幕だと誤解されそう。実際オペラの歌詞字幕で、二人の歌手が同時に違う内容を歌っているとき、そういう出し方をしますよね。そこで「待て」に「よ」をつけて、一行目と二行目がきれいに並ばないように、

待てよ　どこに行く
頼む　待ってくれ

などとしてみたり。考えすぎなのかもしれませんが、字幕屋をやっていると刑事に劣らず細かいことが気になってしまって……、わたしの悪い癖。

出版物の翻訳はそれほど気にしなくていいのでしょうが、字幕翻訳者を志す人には、「見た目の美しさ」にもこだわってほしいのです。一秒か、長くても五秒で消えてしまう

字幕は、見た目が命。美意識を磨きましょう。

たとえば、ふだんのメールやブログやＳＮＳで、読み手のことを考えずに文章をつづってはいないでしょうか。

小さな文字がぎっしりびっしり並んでいて読みづらい文章は困りものです。たまには改行したり一行あけたりしてほしい。その一方で、「あけすぎ」の文章も最近目につくようになりました。一行書くごとに二～三行かそれ以上の広～いスペースをあける人が急増中。スマホのメールや一部のブログで顕著な気がします。あれはなぜなのでしょうか。びっしりも嫌だけど、スカスカなのもうっとうしい。どちらも読みづらいのです。

映画の原語台本でも悩みは尽きません。米粒のような極小文字がぞろぞろ並んでいると、メモを書き込む余白がないし、目もつらい。しかしあまりに余白や行間スペースが空きまくっていると、膨大なページ数になって扱いづらい。

やはり万事ほどほどがよいなぁ、と思ってしまうわたしは、すでに年寄りなのかもしれません。そもそも、いまだに台本はプリントアウトした「紙」の状態でないと翻訳する気になれないなんて……。年頭から己を顧みてしょんぼりしてしまいますが、今年もしぶとく頑張ります。

（二〇一四年春号）

## 〈映画字幕のつくり方④〉ルビの首輪？

♪く〜も〜り〜硝子の向うは風の街♪

などと歌って、年寄りであることを露呈する字幕屋。タイトルは三十数年前に流行った歌『ルビーの指環』をもじっております。すなわち今回のテーマは、本文の横っちょに小さく出る文字「ルビ」について。

ルビは日本独特の表記法だそうです。確かにローマ字などの表音文字にはルビのふりようもありません。日本語の場合、難しい漢字に読み仮名をふることが多いのでルビ文化が発達したのでしょう。ただしルビの語源は本当に宝石の「ルビー」。昔、英国では活字の大きさを宝石名で呼んでおり、ちょうど日本の振り仮名で使う活字サイズが、英国印刷界では「ルビー」という名だったとか。

日本で義務教育制度が確立していなかった頃、新聞などはすべての漢字に読み仮名をつける「総ルビ」でした。今も常用漢字でないものは字幕にルビをふるよう、うるさく言われます。実際、「拿捕」くらい読めそうなものですが、「だ捕」とみっともなく混ぜ書きされるくらいなら、「拿」に「だ」とルビをふったほうがましですよね。

もちろん常用漢字でも油断はできません。「金」は「かね」なのか「きん」なのか一瞬迷います。たいていは「かね」なので、「きん」のときだけルビをふってみたり。「敵」も「てき」か「かたき」かで迷うことがあります。字幕は瞬間芸なので、できるだけ誤読を避けたいという気持ちなのです。

あと、正式名の略号を横に小さく添えることもあります。「国家安全保障局《NSA》」など。一回こうしておけば、そのあとは「ＮＳＡ」だけでいけるので、四文字も節約できて字幕屋としては、むふふ。

というわけで、字数制限に苦しむ字幕屋にとってルビは大変便利なのですが、それに頼りすぎてしまう傾向もあります。なんとなくズルをしている感じ。その最たるものがダジャレです。

シャレは、読むだけなら楽しいけれど、翻訳は至難の業。うまく日本語表現として同等のシャレを思いつければいいのですが、なかなかそうもいかず……。

とりわけ、二重の意味を持つ単語でユーモアを表現しているセリフは、ルビでごまかしたくなります。つい最近もそれをやってしまいました。こんなシーンです。

意外な人物が家を訪ねて来たので「Holy Moses」と言って驚いたら、相手はニヤリと笑って「No, it's only me」。わかります? 驚きの慣用句「Holy Moses(あらまあ=聖なるモーゼ)」に対して「いや(モーゼじゃなく)僕だよ」と。

字幕は名案を思いつけなかったので、安直に「あらまあ」の「まあ」に「モーゼ」のルビを振ってしまいました。ああ……最低。いっそ細かいユーモアにはあまりこだわらず、あっさりと「あらまあ」「こんにちは」くらいで流すべきだったのかもしれません。お客さんが「あれ、今の何だったの?」と気になってしまっては鑑賞の妨げですから。

スクリーンの端っこに出ては消える字幕は、それだけで読むのが大変なのに、横っちょに出るルビはその四分の一くらいの極小文字です。よほどの必要性がない限りやめておきたいものです。

(二〇一五年冬号)

## 〈映画字幕のつくり方⑤〉アウト！

今回はＯＵＴ（アウト）の話です。野球のアウト／セーフとは少し意味が違います。字幕翻訳におけるＯＵＴとは、「セリフはあるけれど字幕は出しません」ということ。いわば、「omit（省略）」ですね。字幕を省略するか否か、この判断は非常に重要なポイントです。

なにしろ字幕は、セリフがしゃべられている時間内（一秒とか、長くても五秒ほど）しかスクリーンに出せません。しかも一度に出せるのは一人分のセリフだけ。吹き替えなら声優が同時にしゃべればいいのですが……。

従って、複数の人物が短いセリフをぽんぽんぶつけ合っているシーンや、たくさんの人が一斉にわいわいがやがやしゃべっているシーンでは、すべてのセリフに字幕をつけるのは不可能なのです。無理して全部につけたら、字幕は超高速で切り替わり、まったく読めなくなってしまいます。サブリミナル効果で無意識のうちに頭に残るでしょうか。まさか。ＤＶＤなら一時停止を繰り返せば読めるかもしれませんが、何が哀しうてそんなバカげた映画鑑賞をせねばならんのでしょう。

というわけで、騒々しいシーンを翻訳するときは、セリフを間引きます。それがＯＵＴです。ぎっしりと芽を吹いたたくさんの苗を間引きする農作業と同じで、選んだものだけがのびのび育つよう塩梅《あんばい》するわけです。大雑把に言うと、セリフをひとつ飛ばしにする感じでしょうか。もちろんセリフの重要度に応じて取捨選択します。

ＯＵＴにするのは、騒々しいシーンだけではありません。「こんなセリフ、別に字幕はなくても問題ないだろう」という場合も同様です。

具体的には、「hello」や「hi」や「bye」などの簡単な挨拶、名前の連呼、かすかに聞こえる背後のざわめき、など。ＢＧＭとして鳴っている歌も、よほど物語に深い関係がなければＯＵＴにします。とはいえ、こうした判断は難しくて、いつも悩みの種。時代によっても変わってきます。

昔の字幕は、今の我々の感覚からすれば「ええっ！」と思うくらいＯＵＴだらけでした。セリフははっきり聞こえているのに、本筋とは関係のない雑談という理由で、バッサバッサとＯＵＴの嵐。この思いきりのよさは、いっそ爽やかでした。

しかし現在は、簡単な挨拶も名前の連呼も、できるだけ字幕を出したがる傾向にあります。確かに、字幕を頼りに物語を追っていると、聴いただけで意味のわかるセリフでも、そこだけ字幕が出て来なかったら、はぐらかされた感じで何となく落ち着きませんよね。

個人的には、字幕は映像を侵食するお邪魔虫なので、なくて済むならないほうがいいと思っていますが、字幕を出したいのに出せない、という事態もごくまれに起こります。

ある作品で、登場人物が心情を込めて高らかに歌っていたので、ここは絶対に字幕が必要と思って歌詞を訳したら、非情にもアウトの判定。「今のはセーフだろ！」とベンチから飛び出して抗議するも判定は覆りませんでした。既存の曲なので無断で翻訳してはいけないのだとか。そんなー！　いまだに納得のいかない字幕屋です。


（二〇一三年冬号）

# 字吹雪

地吹雪でなく字吹雪とは何ぞや？　実は「雪」はどうでもいいのですが、ちょうど酷暑の時節柄、涼しそうでいいかなと思って……。テーマは「字吹《じふき》」、字幕と吹き替えの違いについてです。

よく「字幕と吹き替えの日本語がまるで違うじゃないか！」というクレームがお客様から寄せられます。確かに、もし字幕では「彼はバカだ」吹き替えでは「彼は利口だ」となっていたら、どちらかが大誤訳をしているわけで、それはもっともなクレームです。けれど、セリフの意味するところがだいたい同じであれば、多少の違いはお許しいただきたいというのが本音。それぞれに制約があって、なかなか同じ日本語表現にすることは難しいのです。

字幕は一秒＝四文字という字数制限があるので、内容をぎゅぎゅっと凝縮してかなり激しい意訳をします。早口のマシンガントークなど「翻訳不可能！」とさじを投げたくなるほど悪夢ですし、複数の人物が同時にしゃべっているときは、どれかを省略せざるを得ません。

吹き替えはその点わりあい緩やかで、早口なら声優さんに早口でしゃべってもらえばいいし、同時にしゃべるのもアリですが、一方で登場人物の呼吸や間《ま》や口の動きに合った日本語を考えなければいけません。

昔は字幕が主流で吹き替えはオマケのイメージでしたが、今はご存じのとおりほぼ拮抗《きっこう》していて、どうかすると吹き替えの需要のほうが高いくらいです。

翻訳作業でも、以前はまず字幕を作り、そのあとで吹き替え翻訳者が字幕を参照しながら吹き替え台本を作る、という流れでしたが、現在はほぼ同時に翻訳スタート。そう、字幕翻訳者と吹き替え翻訳者は、たいてい別人なのです。

同じ原語台本でも、別の人が翻訳すれば日本語表現が変わってくるのは当然のこと。こうなると、その間に立って苦労するのが、配給会社や制作会社の担当さんです。

もちろん「字幕と吹き替えは別物である」という考え方が基本なので、無理やりすべてを合わせようとするわけではありませんが、物語のキーワードになるような言葉は出来るだけ同じ日本語にしたいのが人情。そこで「ここは字吹統一でいきましょう」という注文がきたりします。

実をいうと字幕屋オオタとしては、同時進行で吹き替え翻訳が行われるのはありがたい側面もあります。ここだけの話ですが、うっかり読解ミスをしてマヌケな字幕を書いてしまうこともたまに……。そんなとき別の翻訳者が作った吹き替え台本が「誤訳チェック」の機能を果たしてくれるわけです。ありがたや、ありがたや。

現在も『エレメンタリー　ホームズ&ワトソン in NY』というテレビシリーズ全二十四話を字吹同時進行で翻訳中なのですが、吹き替え翻訳者は米国在住で英語の達人・荒木小織さん。本当に助けられています。吹き替え版と字幕版の表現があまりに違うときは、たいてい字幕のほうが間違っていてオオタは恥ずかしさのあまり吹っ飛びます。

制作の担当さんは違いを指摘するとき、「あのー、ここは字吹でずいぶん違いますが結局のところ何が言いたいのでしょうね」などと気を遣った言い方をしてくれるのですが、きっと内心では「どうせ今度もまたオオタが誤訳してるんだろ、こらっ！」と思っているはず。指摘を受けてぞぞっと震え上がる字幕屋。夏なのに猛吹雪の毎日です。

（二〇一三年秋号）

# ようやく仲間

「要約筆記」の話です。ご存じでしょうか?

要約筆記とは、耳が不自由な人のために筆記で話の内容を伝えることです。例えば、講演会などで講演者がしゃべっていることを素早く筆記し、会場脇のスクリーンに映し出します。そうすれば耳の聞こえない人にも講演内容がわかる仕組み。

「それなら手話があるだろう」と思われるかもしれませんが、手話を習得するのは並大抵のことではありません。特に成人してから耳が聞こえなくなった人には高いハードルです。

そこで筆記で伝えるのですが、人がしゃべっていることを一字一句そのまま書くのは、よほどスローな話者でない限り不可能です。だから「要約」というわけです。この点が、字数制限のある字幕翻訳と似ています。われわれ字幕屋も、ふつうに翻訳すれば三十文字くらいになるセリフを五文字程度で表現しなければならないことが多いからです。

とはいえ大きな違いもあります。字幕翻訳は、独り自宅にこもって体力の許す限り何時間でも悩むことができますが、要約筆記はリアルタイムの一発勝負。現場で瞬時に要約しなければいけません。この点ではむしろ同時通訳に似ていますね。

先日、要約筆記の現場を見学する機会に恵まれましたが、これがもうスリルとサスペンス！

わたしは目をむき口をあんぐり開けたアホヅラで、その作業に見入りました。

読みやすいきれいな文字を心がけつつ、耳から入ってくる声を脳内で素早く要約し、猛スピードで筆記する姿のなんと神々しいことか。たいていは二人一組で、一人が書きまくり、もう一人はアシストです。アシスト役はうっかりミスを修正したり、あらかじめ書いてあるキーワードの短冊をさっと脇から筆者台に挿入したり。

よほど修練を積まないとできないことですが、この要約筆記者は皆さんボランティアだとか。ますます頭が下がります。自治体の広報などに情報が載っていることがあるので、興味のある方はチェックしてみてください。

思うに、翻訳・通訳というのは外国語に限らず、バリアフリーのひとつなのかもしれません。もとのままではわからないことを、わかるように表現し直すわけです。

映画などでも耳の不自由な人のための字幕があります。この場合では電話のベルやドアチャイム、足音など、セリフ以外の音も字幕で伝えます。一方、目の不自由な人のためには音声ガイドがあります。セリフや効果音などは聞き取れても映像が見えないので、情景や登場人物の動きなどを音声で解説するのです。

どれも時間的な制約があり、日本語の表現力とセンスが問われます。何より問われるのは心遣いかもしれません。どう表現すれば、それを読む人／聞く人によりよく伝えられるのか。この原点を忘れずに翻訳に励みたいと改めて思う今日この頃であります。

などと、酔眼字幕屋が珍しくいい子ぶっていますが、実は昨日もうっかりキツいことをメールに書いてしまい、知人の不興を買ったばかり。「物は言いよう」というごとく、言葉は選ばないといけません。豊かでメリハリがあって、相手の心を動かせるような言葉を求めて一生勉強です。


（二〇一四年秋号）

# 字主トレのススメ

またおかしな表題で恐縮です。字主トレ、すなわち「字幕の自主トレーニング」。その画期的な新方式が開発されたので（ちょっと嘘）ご紹介します。

通常、映画の字幕翻訳者になるには、字幕制作の現場に飛び込んで先輩の技を盗んだり、字幕講座に通って勉強する、というのが一般的な道筋です。けれど制作現場に社員やアルバイトとして採用されるのはそう簡単ではありません。字幕講座ならたいてい無試験で入れますが、こちらは受講料がけっこうお高い。たとえ懐に余裕があったとしても、働きながら通うには時間や曜日の調整が大変です。しかも字幕講座の多くが東京一極集中なので、それ以外の地域の人には不便きわまりありません。毎週土曜日に京都から東京まで通っている頑張り屋さんを身近に知っていますが、そのご苦労いかばかりか。

もちろん字幕の仕事を得るには、単に字幕翻訳力をアップするだけではだめで、縁とか運が大きくものをいいますから、制作現場や講座などでコネクションを築くのはチャンスを手にするための大事な活動です。

とはいえ、せっかくチャンスをつかんだのに、実際に仕事をやってみたらさんざんな出来で、二度とお声がかからないという危険性もあります。講座で同輩と仲よく机を並べて切磋琢磨《せっさたくま》するのはすてきですが、無難に講座を修了しただけでは十分といえないのです。

人知れずこっそり腕を磨く方法はないのでしょうか。そこで編み出されたのがこの新方式。今回はキャンペーン中につき抗菌まな板と万能包丁がついて……きません。失礼。テレビショッピングのオヤジ状態になってしまいました。まじめにご紹介しましょう。

まず、どれかお気に入りの映画を選んで、その市販ＤＶＤと英語台本を入手します。台本はスクリーンプレイの「名作映画完全セリフ集」シリーズなどでかまいません。ほかにも似たような対訳シリーズが出ています。ネットで入手可能なものもあるかも？

その台本を手元に置いて鉛筆を握り、ＤＶＤを見ながら字幕が切り替わる部分にスラッシュを入れていきます。全編入れ終わったら、そのスラッシュに通し番号をふります。全部で千くらいあるはずです（これが字幕作業で言う「ハコ書き」）。

次に、またＤＶＤを最初から流して、字幕一つごとに一時停止し、通し番号をふりながら自分で正確に字幕を書き取っていきます。手書き・パソコン入力どちらでもかまいませんが、重要なのは「正確に」ということ。漢字も送りがなも改行位置も半角・全角スペースも、画面にあるとおり厳密に書き写すのです。

字幕講座で「一行は十三字以内ですよ」としつこく教えても、一割くらいの生徒は平気で十五字や二十字の原稿を書いてきます。改行位置もめちゃくちゃ。「翻訳の中身さえよけりゃいいだろう」という態度です。これはよくありません。制約のなかで美しい字幕を作るには表記など細かい部分への配慮も必要なのです。写経の心で臨みましょう。

最後に、英語台本と書き写した字幕とを見比べて、この英語がなにゆえこういう字幕になっているかを検証します。ついでにその字幕と同じ字数以内で、自分ならどう訳すかを考えてみましょう。

こうして一作品じっくり取り組めば、かなり力がつくはずです。ただし、ひとつだけ重要なご注意を。最近は「ええ〜！　こんなテキトーな字幕でいいんですかぁ！」というトンデモ字幕も世に蔓延していますから、実績と定評のある字幕翻訳者の作品を選んでください。ご健闘をお祈りします。

（二〇一四年冬号）

# 便乗するならカネ送れ

昔のテレビドラマで一世を風靡《ふうび》した名台詞《めいぜりふ》「同情するならカネをくれ！」をもじってみました。要するに字幕翻訳料の話です。

お金のことは、奥ゆかしい国民性（？）ゆえか伏せられがちですが、隠してばかりでは世のため人のためになりません。信じられないほど安い料金で翻訳させられている若手がいるとも聞いていますので、ここは赤裸々にゲロします。

まず、字幕の翻訳料は映画の長さで決まります。一分か十分単位で単価を設定し、たいてい十分＝二万〜三万が相場です。登場人物がめちゃくちゃしゃべっていても、全然しゃべっていなくても料金は同じ。ゆえに寡黙な映画ほど「おいしい仕事」になります。標準的な映画の長さは百分くらいなので、一作品を翻訳すれば二十万〜三十万円もらえる計算ですね。

しかし、字幕世界でも価格破壊が進んでいて、十分＝数千円なんてこともあるそうです。「労働時間十分」じゃありませんよ、「映像十分」。これはほぼ一日分の労働です。締め切りに追われ、私生活を擲《なげう》って一日十時間以上デスクに張り付き、知力体力の限りを尽くした揚げ句が一日数千円では、かなりキツいはず。

しかも、優秀で性格のよい若手ほどそういう仕事が集中し、便利に使われて身も心もボロボロにされ、「もうこんな働き方、わたしには無理です」と去っていくこともしばしば。これは字幕界の大いなる損失です。

仕事を発注する側も、経費節減だのリストラだのでご苦労が多いのは分かりますが、「安けりゃいい」という発想で人を使い捨てにするのはやめてください。長い目で人を育ててください。そうしないと、字幕に限らず、あらゆる業界がギスギスした、生きるに値しない世界になってしまいます。

わたしが字幕翻訳を始めたころ（三十年前＝二十代）は、それなりにまともな翻訳料をもらっていました。一作品＝十六万、メジャーの劇場公開物なら十八万。相場より安いものの、若いわたしは「こんなにもらってええんかいな」とホクホク。なにしろバカみたいに働いて月に四〜六作品の字幕を手がけていましたし、そんな生活では遊ぶ暇もありませんから、貯金は貯まる一方。値切られるとさらに安く翻訳していた時期もあります。でもあるとき、字幕仕事の「兄貴分」とも言うべき恩人に苦言を呈されました。

「君はそれでいいかもしれないが、君の後進は『オオタさんでもこの料金でやってくれるんですよ』と言われて、さらに値切られる。もっと先輩として自覚を持て！」

それ以来、権利意識に多少ですが目覚めました。

今回の標題「便乗するならカネ送れ」も、そのココロ。字幕には「二次使用料」というものがあって、これも若手の皆様に知っておいていただきたいことです。

例えば、十分＝二万〜三万のギャラをもらったとしても、それはその時だけの「翻訳料」です。同じ字幕原稿をＤＶＤやテレビ放映に使用するなら「二次使用料」というものが発生します。たいていは元の翻訳料の四十〜七十％くらいです。

まっとうな会社は、こういう場合きちんと「あなたの字幕を別媒体で使いたいので二次使用料を請求してください」と連絡をくれます。最初の翻訳時に二次使用料を含めた金額を支払ってくれるケースもあります。でも、まっとうでない会社は連絡をくれません。「字幕データなんかタダで使い回して当然」という発想。

技術の発達で経済構造が変化するのはわかりますが、どんな社会になっても生身の人間が必死で働いた労力に対して、それに見合う対価が支払われなければブラック企業ならぬブラック社会。人類に未来はありません。

（二〇一四年夏号）

# 映画字幕よ　永遠なれ

字幕翻訳の舞台裏をボヤき続けて十年余、長々お邪魔致しました。老兵オオタ、矢尽き刀折れ、ぼちぼち引き際かと心得ます。というわけで、今回ついに最終回！

もはや書き尽くした感がありますが、改めて最後に申し上げておきたいことは……、なんじゃったかいな（すでにボケ老人？）。

いま最も憂えていることは、経済効率ばかりが優先され品質がおろそかになっている風潮です。字幕でも「安い」と「早い」だけが判断基準で、うまくてもまずくてもかまわない、といった傾向があります。というか、その字幕がうまいのかイマイチなのかを見抜ける「目利き」がいなくなりつつあるようなのです。品質の善し悪しがわからなければ、安くて早く翻訳できる人がいいに決まってますもんね。

しかし、よい翻訳をするにはそれなりの労力が必要です。つまり時間やコスト、汗や涙や根性や不眠などなど。なにしろ人間ですもの。われわれは歯車やサイボーグやロボットではありません。

仕事を発注するクライアント各位にお願いします。若くて優秀な人たちを安く使い捨てるようなまねだけはやめてください。労力に見合った、まっとうな対価を支払って、長い目で人材を育ててください。目先の効率ばかり優先していたら、字幕文化は崩壊します。あ、崩壊してもいい？　そういうことでしたら、まあお好きに。

次第に日本でも字幕より吹き替えがスタンダードになっていくのかもしれません。それならそれで吹き替えのクオリティを大切にしていただきたい。吹き替え翻訳は、原稿を書くだけでも字幕の二倍くらい時間がかかるのに、ギャラは字幕と同じか低いくらいだそうです。この件も、もうちょっとなんとかなりませんかね。

なんだか労働組合のような主張になってしまいましたが、若き字幕翻訳者や志望者の皆様にも数言。

これから字幕界で生きていくのは大変かと思います。でも「字幕のクオリティなんて誰にもわからないから適当でいいよね」などとナメてかからず、常に最良の原稿を目指しましょう。

探求心や冒険心など、柔軟な心も大切です。「句読点は使わない」「歌やナレーションは斜体にする」など、昔からの慣習はいろいろありますが、別に絶対的な規則というわけではありません。要は、観客が映画をよりよく理解し楽しむために字幕はどうあるべきなのか、ということ。その時代に応じた改良の余地は、まだまだたくさんあるはずです。「これまでずっとそうしてきたから」という石頭的主張に縛られず、「今のお客さんには、こうするのが最善かも」という発想で試行錯誤しましょう。

技術の進歩で新しい字幕の可能性も出てくるかもしれません。オペラなどで試験運用されている眼鏡のような字幕ディスプレイで、観客が個別に「字数めっちゃ少ない、あらすじ程度のあっさり字幕」から「字数たっぷり、難読字てんこ盛りのこってり字幕」まで、数段階で好みの字幕を選べたり……。

夢は無限に広がりますが、いずれにしても仕事には愛と誇りが必要です。それをなくしたら、ただの稼業。経済効率一辺倒に負けず奮闘してください。支えとなるのは、日々の小さな手応えや喜びです。尊敬できる同業者や、苦楽をともにする制作担当者と、よい関係を築くことも熱烈推奨。

では最後に一声叫んで終わりにしましょう。

万国の字幕派よ、団結せよ！

長い間、ありがとうございました。

（二〇一五年春号）

# 字幕屋になりそこねた弟子から太田さんへの少し遅れた手紙

星野　智幸

文章というのは不思議なタイムカプセルだ。もうすでにこの世にいなくなった人の言葉なのに、読むとまるで目の前で自分に語ってきているように感じられるのだから。まして、太田直子さんの弟子として字幕翻訳家の修業をして以降、二十年にわたっておつきあいいただいていた私には、ゆったりとした太田さんの声まで聞こえてくる。

このエッセイ集は太田さんの五冊目にして最後の本である。太田さんは、昨年（二〇一五年）から一年の闘病生活を経て、今年の一月、お亡くなりになった。享年五十六歳。

いつもなら、新刊が出れば感想の手紙をしたためるのだが、今回ばかりはそれができない。だから、この文章をお便り代わりにしたい。

感想を手紙で書くようになったのは、太田さんが非常な筆まめで、私が本を出すたびに、「読書感想文」と題された手書きイラスト入りの贅沢なお手紙を必ず送ってくださったことから始まっている。手紙だけでなくメール魔でもあって、毎日、字幕の仕事を夜更けに終えると、寝る前の楽しみとして、大好きなお酒をちびちびやりながら、親しい友人にメールを書くのが日課だったらしい。

太田さんは、本当に書くのがお好きだった。それも、人とやりとりする文章が。つまり、書き言葉でのコミュニケーションをこよなく愛していたのだ。

エッセイにもそれは濃厚に表れている。エッセイは太田さんにとって、読者とやりとりする手紙みたいなものだったと思う。単なる名エッセイストではなく、言葉で人と交流することの豊かさを、身をもって示してくれた稀代の文章家だ。

本書の「その一、字幕屋の気になる日本語」では、読者からのお便りに敏感に反応しているさまが、とてもよく表れている。ちまたの日本語の使い方に違和感を表明するエッセイでありながら、その筆は喜びに満ちているように、私には感じられる。腐すのが楽しいのではなくて、読者にどんな芸を披露すればこの感覚を一緒に味わってもらえるか、考えるのがたまらないのだ。

字幕同様、太田さんのエッセイは、簡潔で読みやすい。なのに、呪術的な力が仕込まれていて、さらっと一度読んだだけでも、呪縛される。この全然上から目線でない、一見のんびりおっとりとした文章は、一度読み手の体内に入るとジワジワと成長し始め、脳を侵食していく。例えば、「その一」を読んだ後、テレビでも見てみるといい。無数に使われる「したいと思います」という言い回しを、もう聞き逃すことはできない耳になっているだろう。そして、自分も同じ言い回しを使ったとき、「あれ?」と気づいて、一人顔を赤らめることになる。

かつて太田さんがメールで、「(笑)」という表記を好きになれない、と書いてきたことがあって、以来、私は「(笑)」を使えなくなった(笑)。太田さんが陰でほくそ笑んでいる様子が頭に浮かんできて、なんだかシャクだったのである(笑)。そんな簡単にネタを提供してたまるか、という意地というか(笑)。今では場合に応じて使うようになったけれど、いちいち太田さんへの言い訳を考えずにはいられない(笑)。

……と、実例を示してみたが、本書を読んでもわかるとおり、太田さんが嫌うのは、「(笑)」という表記を使うこと自体よりも、このような安易な乱用である。「!」「?」という記号についてもしかり。太田さんは、考えずに機械的に言葉や文字を使うことを、残念に感じているのである。なぜなら、その安易さに身を委ねたとき、言葉を受け取る相手のことは頭から消えてしまうから。相手に伝わる表現、自分の実感を伝える言葉、それを探ることが相手とのやりとりであり、それが成功したときの、相手と何かを共有した気分は、かけがえのないものだ。機械的で紋切り型な言葉遣いでは、その珠玉の瞬間を得ることはできない。

日本語の使い方をめぐるエッセイとしては、太田さんの最初の本にして大いに評判となった『字幕屋は銀幕の片隅で日本語が変だと叫ぶ』（光文社新書）がある。ちなみに、この本の執筆中、太田さんは「編集者のことが気になって、なかなか書き進められない」と悩んでいたので、私が「とりあえず編集者は野菜だと思えばいいですよ」とふざけたことを言ったら、刊行後に野菜柄の手ぬぐいをくださった。

私が太田さんに字幕翻訳の手ほどきを受けたのは、一九九〇年台後半のこと。まだ小説家になる前の、仕事もなく途方に暮れていた時期だった。ひょんなことから知り合った私に、太田さんは、「本気で字幕やりたいなら、見てあげよう」と声をかけてくださったのだ。私は書生として拾ってもらった気になり、感激した。

太田さんは社交的ではないけれど、出会いはとても大切にする人だった。そして、偶然に身を任せて、とりあえず先へ進んでみる、という冒険心にも富んでいた。このあたりの太田さんの生きざまについては、『字幕屋のニホンゴ渡世奮闘記』（岩波書店）に詳しい。

私が教わったのは、字幕作りの方法以上に、そのとても高いプロ意識だった。本書の最後のエッセイ「映画字幕よ　永遠なれ」の終わりのほうで、太田さんはこう述べている。「仕事には愛と誇りが必要です。それをなくしたら、ただの稼業。（略）支えとなるのは、日々の小さな手応えや喜びです。」

細部まで絶対おろそかにしない姿勢、自分が引き受けたことへの強い責任感、日常の生活の仕方に至るまで、私は太田さんの背中を見て、フリーで仕事をすることがどういうことなのか、学んだ。

本書の「その二、字幕屋は銀幕の裏側でクダを巻く」でうかがえるとおり、太田さんは原作のある映画の場合、必ずと言っていいほど原作を読む。映画と原作は異なっている場合も多く、必ずしも原作を読まなくても字幕翻訳には差し支えないが、太田さんは読む。太田さんがもとは文学の人であり、ドストエフスキー研究者を目指して大学院にいたせいもあるが、徹底したいというプロ意識からでもある。

とにかく、調べる。限られた時間を目いっぱい使って調べる。「一粒九千キロメートル」にあるように、調べたことは、直接字幕には反映されなくても、翻訳者を未知の新しい世界へ導いてくれる。

余談だが、「ロシアよりチャイをこめて」でかましているダジャレ「プーチン・プリン」は、私の作です。太田さんとのメールは、ギャグの応酬、ボケ合いツッコミ合いが欠かせず、私は師匠にまったくかなわなかったのだが、このダジャレだけは太田さんをうならせ、ついには「エッセイでの使用許可」を求めさせるに至ったのだ。ああ、師匠、反論できないのにバラしてしまって、すみません！

字幕作りの手順は、本書の「その三、字幕屋・酔眼亭の置き手紙」で簡単に紹介されている。もっと詳しく知りたい方は、『字幕屋に「、」はない』（イカロス出版）をお読みいただきたい。

最もよい字幕とは、映画を見終わった後、どんな字幕だったか覚えていない字幕である、と言われている。それほど引っかかりなく自然に読めるのが、理想なのだ。だから、翻訳者の自我がドヤ顔してしゃしゃり出てくるようなものはダメ。

また、翻訳は、原文の背後にある異なる文化を、日本語に移し替える作業なので、膨大な調べものが必要になる。

タイトな日程でたくさん調べ、厳しい字数制限の中、できる限りのニュアンスを込めるべく頭をひねり、観客に読んでいることを忘れさせるために、たった十文字とか二十文字の字幕にする。字幕とは、何というか、究極に健気な存在なのだ。

じつは太田さんのお母様は歌人で、太田さんのお姉様も短歌を詠まれるというから、短い言葉で表現するのが得意な一族なのかもしれない。

でも、太田さんは、短さとはほど遠い、重厚長大で饒舌の極みともいえるドストエフスキーを偏愛してもいる。太田さんの隠れた偉業として、ロシアのテレビ局制作の長大なドラマ版『白痴』『カラマーゾフの兄弟』『罪と罰』の字幕翻訳がある。それぞれＤＶＤボックスで販売しているが、原作に忠実で、脚本も俳優も演出も優れ、しかも小説版の名訳に匹敵する名字幕がついている。

この仕事の延長として、太田さんはドストエフスキーの解説本『ひらけ！　ドスワールド』（AC BOOKS）を著した。あまたあるドストエフスキー本とまったく異なって、ドストエフスキーの小説世界が身近にカジュアルに感じられる本だが、この中に面白い比較がある。

ドストエフスキーの小説の一節について、いろいろな名訳者の訳文を並べ、さらに太田さんが同じ箇所を訳したものを比較したところ、太田さんの訳だけ圧倒的に短いのだ。でも、読んだ印象は変わらない。

字幕で鍛えられた圧縮技術が、無理なく簡潔な日本語訳を可能にしたのだ。これを読んで私は、もし太田さんがドストエフスキーを訳したら、革命的なことが起こるんじゃないかと興奮した。そして、実際に太田さんを焚きつけた。私の暑苦しい説得に、それでもちょっとその気になってくれた太田さんは（繰り返すが、太田さんは未知の新しい運命には、とりあえず身を任せようとする性質があるのだ）、懇意の編集者の企画として、太田訳ドストエフスキー短編集のプロジェクトを始めることに同意してくれていた。

私の空想世界では、これは大成功を収め、太田さんはさらに長編も訳すことになり、これまた反響を呼び、ついには私のそそのかしも手伝って、晩年には小説まで書くことになる、はずだった。

字幕というのは、氷山の一角を見せる作業だ。水面下には、たくさん調べ、考え、工夫するという、氷山本体がある。太田さんの生き方は、まさに字幕そのものだった。太田さんが繰り出す言葉は、その水面下に大きな本体があった。字幕のために費やした労力こそが、太田さんの私生活をも豊かにした。深く信頼している友人や同じ業界の仲間に恵まれ、日々、そのつきあいを寿いで生きていた。なんと豊かな人生だったことか。

太田さんがいつもエッセイで書いてきたのは、そのことだと思う。目の前に広がる世界、運命に、虚心坦懐に心を開き、「愛と誇り」を持って、労を厭わずに向かい合い続ければ、無駄なことは何もない。嫌なこともあろうが、総じて満足のいく人生となるだろう。太田さんは多くは語らないが、その言葉は長く心に留まって、考えることを促してくれる。

私の誇りであるそんな師匠の言葉を、皆さんも味わってほしい。

（ほしのともゆき／小説家）

## 初出

その一、字幕屋の気になる日本語
「気になる日本語」「続・気になる日本語」「しんぶん赤旗」二〇一三年十月三十日付～十二月四日付、二〇一四年七月十五日付～二〇一五年十二月十五日付

その二、字幕屋は銀幕の裏側でクダを巻く
「映画翻訳者の『ツッコミ評論』字幕屋は銀幕の裏側でクダを巻く」『本が好き！』（光文社）二〇〇七年八月号～二〇一〇年一月号

その三、字幕屋・酔眼亭の置き手紙
「字幕屋通信　酔眼亭夜話（其の四一～五十）」『通訳・翻訳ジャーナル』（イカロス出版）二〇一三年冬号～二〇一五年春号

装丁＝藤田知子
装画＝谷山彩子

太田　直子（おおた・なおこ）
映画字幕翻訳者。1959年広島県生まれ。天理大学外国語学部ロシア学科卒業。『ボディガード』『ヒトラー 最期の12日間』『バイオハザード』シリーズなど、多数の映画作品の字幕を手がける。著書に『字幕屋は銀幕の片隅で日本語が変だと叫ぶ』（光文社新書、2007年）、『字幕屋のニホンゴ渡世奮闘記』（岩波書店、2013年）、『字幕屋に「、」はない――字幕はウラがおもしろい』（イカロス出版、2013年）、『ひらけ！ ドスワールド――人生の常備薬 ドストエフスキーのススメ』（AC BOOKS、2013年）。2016年1月死去。享年56歳。

字幕屋《じまくや》の気《き》になる日本語《にほんご》

2016年7月5日　初　版

著　者　太　田　直　子
発行者　田　所　稔

郵便番号　151-0051　東京都渋谷区千駄ヶ谷4-25-6
発　行　所　株式会社　新　日　本　出　版　社
電話　03（3423）8402（営業）
03（3423）9323（編集）
info@shinnihon-net.co.jp
www.shinnihon-net.co.jp
振替番号　00130-0-13681
印刷・製本　光陽メディア

落丁・乱丁がありましたらおとりかえいたします。

JASRAC 出 1606496-601
ISBN978-4-406-06039-4　C0095　Printed in Japan